CW01649555

Y Drwg, y Da a'r Duwiol

Ysgrifau a'r Foeseg

Golygydd

E. Gwynn Matthews

Adran Athronyddol
Graddedigion Prifysgol Cymru

Astudiaethau Athronyddol 3

y lolfa

Argraffiad cyntaf: 2014

© Hawlfraint yr awduron unigol a'r Lolfa Cyf., 2014

Mae hawlfraint ar gynnwys y llyfr hwn ac mae'n anghyfreithlon i lungopïo neu atgynhyrchu unrhyw ran ohono trwy unrhyw ddull ac at unrhyw bwrpas (ar wahân i adolygu) heb gytundeb ysgrifenedig y cyhoeddwyr ymlaen llaw

Dymuna'r cyhoeddwyr gydnabod cymorth ariannol
Cyngor Llyfrau Cymru

Cynllun y clawr: Y Lolfa

Rhif Llyfr Rhyngwladol: 978 1 84771 927 0

Cyhoeddwyd ac argraffwyd yng Nghymru
ar bapur o goedwigoedd cynaladwy gan
Y Lolfa Cyf., Talybont, Ceredigion SY24 5HE
gwefan www.ylolfa.com
e-bost ylolfa@ylolfa.com
ffôn 01970 832 304
ffacs 832 782

John Owen.

Y Drwg, y Da a'r Duwiol

Hefyd yn y gyfres:
Cred, Llên a Diwylliant: Cyfrol Deyrnged Dewi Z Phillips
E. Gwynn Matthews (gol.)

Cenedligrwydd, Cyfiawnder a Heddwch
E. Gwynn Matthews (gol.)

Cynnwys

Rhagair

O FAES MOESEG YN BENNAF y daw ysgrifau'r rhifyn hwn o Astudiaethau Athronyddol. Mae'r ysgrif gyntaf gan Huw Williams yn trafod syniadau am y natur ddynol a'r posibilrwydd o hunanwellhad o safbwynt athroniaeth wleidyddol gyfoes, ond yn gosod y drafodaeth ar sylfeini diwinyddiaeth Gristnogol gynnar. Mae ysgrif Walford Gealy yn tynnu sylw at ystyron gwahanol 'da' fel y defnyddir y term mewn gwahanol gylchoedd o fywyd megis y cylch crefyddol a'r cylch moesol, a'r dryswch a achosir drwy geisio eu huniaethu. Er ei bod yn cytuno yn gyffredinol â safbwynt Walford Gealy, mae Meirlys Lewis yn ei hysgrif hi yn dadansoddi'r cysyniad o faddeuant ac yn dod i'r casgliad fod gor-gyffwrdd rhwng y cysyniad crefyddol a'r cysyniad seciwlar ohono. Mae'r ddwy ysgrif nesaf, gan Carwyn Jones a Gwynn Matthews, yn trafod agweddau ar y natur ddynol yn ei gwendid, sef safbwyntiau gwrthgyferbyniol i'r cwestiwn o sut i ystyried, a sut i drin, y sawl a gollfarnwyd. Yna, i gloi'r gyfrol, mae Huw Williams a Walford Gealy yn esbonio eu dealltwriaeth hwy o swyddogaeth athroniaeth.

Ni chyhoeddwyd y papurau hyn o'r blaen. Traddododd Huw Williams ei bapur (y cyntaf o'r ddau) yng nghynhadledd yr Adran yn 2012, 'Sut i fyw'r bywyd da?' a thraddododd Meirlys Lewis ei phapur hithau yng nghynhadledd 2013, 'Melys – Moeseg, Mwy'. Cyfansoddwyd gweddill yr ysgrifau yn arbennig ar gyfer y gyfrol hon.

Unwaith yn rhagor, yr ydym fel Adran yn ddyledus iawn i Brifysgol Cymru am y nawdd sy'n ein galluogi i barhau yn weithredol, ac i'r Cyngor Llyfrau am eu cymhorthdal tuag at gyhoeddi'r gyfrol hon. Gyda boddhad mawr yr ydym yn diolch i wasg Y Lolfa am gyhoeddi'r rhifyn hwn o Astudiaethau Athronyddol ac am sicrhau safon uchel i ddiwyg y gyfres.

E. Gwynn Matthews
Gŵyl Badrig 2014

Awduron yr Ysgrifau

Huw Williams. Mae'n ddarlithydd cenedlaethol mewn Athroniaeth gyda'r Coleg Cymraeg Cenedlaethol, wedi ei leoli ym Mhrifysgol Caerdydd, ond yn addysgu yn ogystal yn Abertawe, Aberystwyth a Bangor. Mae'n arbenigo mewn athroniaeth wleidyddol, ac yn ymddiddori'n bennaf yng ngwaith John Rawls, yn ogystal â maes cyfiawnder byd-eang a hanes syniadau yng nghyd-destun Cymru. Mae'n awdur monograff, *On Rawls, Development and Global Justice*, ac ar hyn o bryd mae'n gweithio ar gyfrol, *Credoau'r Cymry*.

Walford L. Gealy. Cyn ei ymddeoliad bu'n diwtor mewn Athroniaeth yn Adran Efrydiau Allanol Prifysgol Cymru, Aberystwyth. O ran ei ddull o athronyddu mae'n gynnyrch 'Ysgol Abertawe' ac yn gweithio yn y traddodiad Wittgensteinaidd. Ef yw awdur y gyfrol ar Wittgenstein yn y gyfres 'Y Meddwl Modern', a'r bennod arno yn *Hanes Athroniaeth y Gorllewin*. Mae wedi ysgrifennu a darlithio'n helaeth ar athroniaeth Dewi Z. Phillips. Bu'n gyfrannwr cyson i gylchgronau dysgedig yn y Saesneg a'r Gymraeg, a rhwng 1987 a 2005 bu'n cyd-olygu *Efrydiau Athronyddol*.

E. Gwynn Matthews. Cyn ymddeol roedd yn diwtor yn Adran Efrydiau Allanol Prifysgol Cymru, Bangor. Yn 1999, fel Llywydd yr Adran, cyflwynodd gynllun i gyhoeddi ysgrifau ar hanes athroniaeth o gyfnod y Groegiaid ymlaen yn *Efrydiau Athronyddol*, gyda golwg ar eu cyhoeddi maes o law yn un gyfrol. Ef oedd cydlynydd y prosiect, a chyhoeddwyd y gyfrol *Hanes Athroniaeth y Gorllewin* dan olygyddiaeth John Daniel a Walford L. Gealy (Gwasg Prifysgol Cymru, 2009). Ef, hefyd, oedd golygydd cyfrol deyrnged Dewi Z. Phillips, *Cred, Llên a Diwylliant* (Y Lolfa, 2012) a *Cenedligrwydd, Cyfiawnder a Heddwch* (Y Lolfa, 2013).

Carwyn R. Jones. Darllenydd mewn moeseg chwaraeon ym Mhrifysgol Fetropolitan Caerdydd a phrif ddarlithydd gyda'r Coleg Cymraeg Cenedlaethol. Mae wedi cyhoeddi nifer o erthyglau a phenodau ar bynciau moesegol ym myd chwaraeon gan gynnwys hiliaeth ymysg cefnogwyr rygbi, y defnydd o gyffuriau gwella perfformiad a'r defnydd o alcohol ymysg chwaraewyr proffesiynol. Mae yn gyn-Lywydd Cymdeithas Ryngwladol Athroniaeth Chwaraeon ac yn aelod o fwrdd golygyddol y cyfnodolyn *Sports, Ethics and Philosophy*.

Meirlys Lewis. Darlithydd ym Mhrifysgol Sheffield cyn ei hymddeoliad. Graddiodd, ac yna cwblhaodd waith ymchwil dan gyfarwyddyd Rush Rhees, yn Adran Athroniaeth Prifysgol Cymru, Abertawe. Bu'n lladmerydd i ddealltwriaeth Wittgenstein a Rhees o athroniaeth fel disgyblaeth. Cyflwynodd bapurau mewn cynadleddau athronyddol rhyngwladol yn ogystal ag yng nghynadleddau Adran Athronyddol Urdd y Graddedigion. Cyfrannodd erthyglau i *Efrydiau Athronyddol* ac i gyfrol deyrnged Dewi Z. Phillips, *Cred, Llên a Dwylliant* (Y Lolfa, 2012).

Y Natur Ddynol a'r Syniad o Hunanwellhad

Huw Williams

Cyflwynwyd y bennod hon yn wreiddiol ar ffurf darlith i Adran Athronyddol Urdd Graddedigion Prifysgol Cymru mewn ymateb i thema'r gynhadledd flynyddol yn 2012, sef 'Sut mae byw'r bywyd da?' Cefais wahoddiad i gyfrannu yn sgil fy mhenodi yn ddarlithydd athroniaeth gan y Coleg Cymraeg Cenedlaethol y flwyddyn honno. Bwriad y swydd, wrth gwrs, yw cynnig trawstoriad o fodiwlau athronyddol trwy gyfrwng y Gymraeg, ond y disgwyliad arbennig sydd ynghlwm â hi yw creu modiwlau gyda gogwydd Cymreig, sy'n ymhél ag athroniaeth a syniadaeth o'n safle penodol ni yn y byd. Dyna fwrw ati, felly, i lunio darlith gyda'r gorwelion ehangach hyn mewn golwg.

Yn y cyswllt hwn, cam amlwg yw edrych yn ôl i'r cyfnod cynharaf, ac i'r perwyl hwn gellir awgrymu fel un o 'feddylwyr cyntaf' y Cymry y ffigwr lled-chwedlonol, Pelagius. Nid oes yr un awdur sydd wedi ysgrifennu amdano, nad yw â rhyw amheuaeth ynglŷn â'i wreiddiau, ond mae'n debyg fod yna ddigon o gytuno inni allu dweud â chryn hyder ei fod yn un o'n hynafiaid, sef y Brythoniaid. Er nad oes unrhyw gofnod ohono yn ei famwlad honedig, mae'r hanesydd adnabyddus Norman Davies yn taeru mai Cymro oedd Pelagius (neu Morgan, i roddi iddo'r enw y mae Davies yn ei ddefnyddio). Mae yna gryn dipyn o ddirgelwch ynglŷn â'r ffigwr hwn yn sgil ei ddiflaniad anffodus a'r diffyg cofnod o'i brif weithiau. Fel y clywn yn y man, dyma ganlyniad ei statws yn heretic – er bod rhai erbyn hyn yn cwestiynu i ba raddau yr oedd Pelagius yn ystyried ei hunan yn rhywun a oedd am danseilio Eglwys Rhufain. Yr hyn sy'n sicr yw nad oes modd deall syniadau Pelagius, eu pwysigrwydd na'u beiddgarwch, heb eu hystyried yn erbyn syniadau'r dyn hwnnw yr oedd Pelagius yn ei herio, sef y cawr o ddiwinydd, Awstin Sant.

Fy mwriad cychwynnol felly yw ceisio cyflwyno rhywfaint o gyd-destun y ddadl hanesyddol rhwng y ddau, cyn bwrw ati i ateb y cwestiwn canolog, sef sut i fyw'r bywyd da, trwy olrhain rhai o'u prif syniadau, megis eu dehongliad o'r pechod gwreiddiol. Wrth gloi, bwriadaf sôn ryw ychydig am y gwaddol Pelagaidd, a sut mae ei athrawiaeth o hunanwellhad wedi goroesi, neu wedi ei ailddehongli, yn yr oes fodern, er gwaethaf ei statws yn heretic.

Pelagius yr Heretic

Mae dirgelwch yn perthyn i'r cymeriad hwn, Pelagius, nid yn unig oherwydd y driniaeth a ddilynodd ei esgymuno o Rufain yn y flwyddyn OC 418, sef yr ymgais i ddileu ei waith a phob cof amdano, ond oherwydd ei darddiad annhebygol. Roedd Prydain ar y pryd ar gyrion pellaf gwareiddiad, yn endid anghysbell, gyntefig, yn llygaid Rhufain, ac felly roedd yn anarferol i weld unigolyn o'r rhan hon o'r byd yn cael y fath ddylanwad. Ac eto'r awgrym yw nad oedd Pelagius yn chwennych sylw nac anfarwoldeb. Does yna'r un sylw neu gofnod sylweddol amdano yn negawd olaf y bedwaredd ganrif. Erbyn hynny yr oedd yn ei bedwardegau ac yn athro crefyddol ymysg uchelwyr Rhufain, yn eu dysgu am athrawiaeth Gristnogol ac yn eu hannog i ddilyn trywydd mwy urddasol a disgybledig. Sut felly, y bu i'r ffigwr ymylol a gostyngedig hwn, erbyn y flwyddyn OC 415, fod yn llygad y storm, yn yr hyn a oedd, yng ngeiriau De La Bédoyère, yn 'argyfwng rhyngwladol'? (2003: 202)

Er mwyn deall hyn, rhaid amgyffred rhywfaint am sefyllfa grefyddol-wleidyddol y dydd. Yr oedd Cristnogaeth, erbyn hynny, yn gyfystyr â chrefydd wladwriaethol – wedi tröedigaeth Cystennin yn OC 313, daeth Cristnogaeth yn grefydd yr Ymerodraeth, a bu ymgais, o'r cychwyn cyntaf, i geisio sefydlu uniongrededd, gyda'r bwriad o sicrhau sefydlogrwydd y ffydd. Erbyn cyfnod Pelagius yn Rhufain, mae'n lled debyg fod unrhyw fygythiad i uniongrededd Gristnogol â goblygiadau gwleidyddol, a rheini'n rhai dybryd erbyn degawd cyntaf y ganrif, a'r Ymerodraeth yn gwanychu.

Mae'r driniaeth gynyddol ddrwgdybus a dderbyniodd Pelagius gan yr Eglwys yn amlygu ansefydlogrwydd Rhufain. Enillodd enw da i'w hunan yn llefarydd a moesolwr Cristnogol erbyn blynyddoedd olaf y ganrif, gan gyhoeddi ambell ysgrif. Er bod ei syniadau y pryd hwnnw yn codi cwestiynau ynglŷn â diwinyddiaeth Awstin a ffigyrau amlwg eraill fel Jerome, derbyniwyd ei waith a'i syniadau yn y cyfnod hwnnw yn amyneddgar a gweddol ddiffwdan. Fodd bynnag, toc ar ôl iddo adael Rhufain yn OC 410, wedi anrhaith y Goth, fe oedd gelyn pennaf yr Eglwys, yn arbennig o safbwynt Awstin Sant.

Erbyn hyn roedd ei syniadau yn lledaenu'n gyflym, yn arbennig o dan ddylanwad ei ddisgybl byrbwyll, Celestius, ac roedd ei syniadau optimistaidd ynglŷn â'r natur ddynol yn ennill cryn gefnogaeth yn yr Ymerodraeth Ddwyreiniol, lle'r oedd dylanwad y meddwl clasurol – a'r syniad o hunanberffeithrwydd – yn parhau'n gryf. Yn waeth na hynny, roedd ei ddau lyfr – *Ar Natur*, ac *Amddiffyniad o'r Ewyllys Rhydd*, nid yn unig yn cynnig syniadau gwahanol iawn i'r syniadaeth Gristnogol o ras, pechod a'r ewyllys, ond roedd yn gwneud hynny trwy apêl i syniadau roedd Pelagius yn taeru a ddaethai oddi wrth Awstin, a hoelion wyth eraill yr Eglwys Gatholig.

Nid oedd Awstin bellach – fel llais cadarn a chryf uniongrededd y ffydd – yn gallu cydnabod Pelagius yn ddyn duwiol, da, o farn ecsentrig. Ymddangosai erbyn hyn iddo geisio hawlio'r gred Gatholig iddo'i hunan. Dyma Awstin, felly, yn defnyddio'i holl egnïon deallusol i waredu'r Eglwys o'r bygythiad hwn. Yn y pen draw fe dderbyniodd gymorth yr Ymerawdwr, a oedd bellach yn ystyried Pelagiaeth yn fygythiad gwirioneddol i sefydlogrwydd yr Ymerodraeth, wedi digwyddiadau treisiol yn enw Pelagiaeth – ac un ohonynt yn erbyn dilynwyr Jerome. Rhaid oedd cael gwared o'r bygythiad, ac yn OC 418 fe esgymunwyd Pelagius o Rufain. Erbyn hynny roedd Pelagius yng Nghaersalem dan warchodaeth yr Archesgob, ond wedi'r bygythiad newydd hwn, y tebyg yw iddo ddianc, ac ni chlywyd byth amdano eto – er i'r chwedloniaeth honni iddo ddychwelyd i'w famwlad i ledaenu'r gair.

Dyma oedd y cyd-destun 'geo-wleidyddol', ond nid poblogrwydd eu dysgeidiaeth, na chwaith yr anhrefn a sbardunodd, oedd yr unig resymau pam y bu'r ymateb i Pelagius a'i ddisgyblion mor chwyrn. Mae De La Bédoyère yn awgrymu na ddylid diystyru'r syniad bod statws Pelagius, fel Brython, wedi effeithio ar yr ymateb iddo: 'ni roddwyd unrhyw fri cymdeithasol, deallusol, asetig na gwleidyddol i'r Brythoniaid. Yn ddi-os roedd y ffaith mai rhywun mor gwbl israddol oedd yn dewis herio meddyliau soffistigedig ardal y Môr Canoldir wedi dylanwadu ar y math o fustl chwerw a anelwyd i gyfeiriad Pelagius' (2003: 202). Mae'n debyg ei fod yn darged weddol gorffol hefyd, a rhai fel Jerome yn ei wawdio am fod yn ordew, oherwydd iddo fwyta gormod o uwd! Ond roedd y math hwn o sylw gwamal yn celu'r ffaith fod gan y gyfundrefn Gatholig wir ofn ohono, ac i ddeall hynny rhaid gwerthfawrogi cynnwys eu syniadau.

Yr hyn sy'n cael ei awgrymu gan rai sylwebyddion cyfoes yw fod Awstin yn llygad ei le wrth ymosod ar destunau Pelagius, oblegid doedd dim byd llai na dyfodol y ffydd Gatholig yn y fantol. Dywed Gerald Bonner:

> Mae'n anodd gorbrisio dyled y credo Cristnogol i Awstin, oherwydd ei frwydr hir yn erbyn diwinyddiaeth Pelagius, ac yn arbennig egwyddorion craidd y ddiwinyddiaeth honno… yr oedd y system a ddatblygodd dan enw Awstin , yn fygythiad tebyg i heresïau mawrion y Dwyrain ynglŷn â'r Drindod a Natur Crist. Mewn un ystyr yr oedd yn fygythiad mwy difrifol, oherwydd bod modd ei gymodi gydag uniongrededd, gan apelio yn ogystal at elfennau mwyaf deinamig a brwdfrydig yr Eglwys – y mynachod. (1986: 389)

Er gwaetha'r ffaith nad oedd Pelagius yn awdur toreithiog, fel Awstin, ni ddylid tanbrisio ei statws yn y cyfnod cythryblus hwn, na chwaith ddiystyru syniadau a oedd ar un wedd ymhell cyn eu hamser. Yn y pen draw, er gwaethaf ehangder yr Ymerodraeth, mae'n debyg nad oedd yna le ynddi iddo ef ac Awstin. Mae'r ffaith fod ei enw, tan y dydd heddiw, yn cael ei ddefnyddio i godi bwganod – er gwaetha'r ffaith inni golli'r rhan fwyaf o'i waith – yn destament i gryfder a beiddgarwch ei ddiwinyddiaeth, yn fwy na dim.

Y Llwybr i'r Bywyd Da

Ceisir, yn awr, amgyffred natur ei fygythiad trwy fynd i'r afael â'r cwestiwn canolog, sef sut i fyw'r bywyd da. Wrth ateb y cwestiwn hwn, ni roddir cymaint o sylw i fanylion y bywyd beunyddiol hwnnw yn ôl Awstin a Phelagius, ond yn hytrach ceisir esbonio sut yr oedd y ddau yn deall y trywydd i'r bywyd hwnnw. Hynny yw, canolbwyntio ar sut i gyrraedd y gwynfyd fydd y bwriad, yn hytrach na disgrifio'r gwynfyd hwnnw yn ôl y naill na'r llall. Un o'r rhesymau am hynny yw'r tebygolrwydd na fyddai'r naill na'r llall yn anghytuno'n sylweddol ynglŷn â sylwedd y bywyd da – yn yr ystyr syml bod y ddau yn ystyried cariad at Dduw fel egwyddor waelodol y bywyd hwnnw, ac mai bywyd heb bechod oedd y mynegiant mwyaf perffaith o'r cariad hwnnw. Roedd y ddau, felly, yn credu yn y bywyd asgetig, er iddynt hwy, fel unigolion, ddilyn trywydd gwahanol iawn i'r bywyd hwnnw. Mae dechrau llai nag addawol bywyd Awstin yn hysbys i bawb yn ei *Gyffesion*, a sut y bu i ras Duw ei achub, lle ar y llaw arall roedd cymeriad dilychwin Pelagius o'r cychwyn cyntaf yn rhan o'i chwedl (mae'r straeon personol hyn i'w cadw mewn cof wrth bwyso a mesur eu diwinyddiaeth).

Ac eto, er cydnabod y cydweld gwaelodol hwn, mae yna ambell nodwedd arbennig o ddysgeidiaeth ac addysgu Pelagius sy'n deilwng o sylw, oblegid yr hyn y mae'n ei ddatgelu am ei genhadaeth ehangach. Y cyntaf oedd ei orchwyl o ledaenu'r gair ymhlith uchelwyr Rhufain. Mae'n bur debyg nad dyma'r haen o gymdeithas a oedd o reidrwydd am ei glywed. Fe nodweddid Rhufain ar y pryd gan yr hyn a ddisgrifiai Bonner yn 'active cruelty, passive selfishness, and unbridled lust and avarice' (1986: 351). Roedd yr uchelwyr wedi colli unrhyw synnwyr o ganolbwynt moesol i'w bywydau, a dyma'r union ddiofalwch yr oedd Pelagius yn gweithredu yn ei erbyn. Ar un ystyr roedd Pelagius yn llym ei farn – nid oedd yn cytuno gyda'r Stoiciaid fod pob pechod cynddrwg â'i gilydd, ond, yn ôl Evans (1968: 24), roedd yn dysgu fod y tramgwydd lleiaf i'w ofni yn yr un modd â'r drosedd fwyaf, rhag ofn i rywun lithro o'r pechodau bychain i'r rhai mawrion. Ymhellach, dirmygu Duw y mae pob pechod, mawr neu fach, a dylid ystyried, nid o reidrwydd gynnwys y gorchymyn, ond urddas yr un a orchmynnai. Gwnewch y pethau bychain, felly.

Ond mewn ambell ystyr arall mae dysgeidiaeth Pelagius yn taro dyn yn un weddol eangfrydig, yn sosialaidd hyd yn oed, o safbwynt y byd modern. Er gwaethaf tuedd rhai i ddirmygu priodas o gymharu â'r bywyd asgetig, yr oedd yn awyddus i beidio amharchu'r rheini a benderfynai ar y bywyd anymataliol. Llawer gwell oedd clodfori bywyd felly, yn hytrach nag ymrwymo i fywyd asgetig ac yna methu. Er iddo achosi cryn syndod a dryswch i eraill, yr oedd Pelagius hefyd yn ymroi i addysgu ac ysbrydoli menywod (o'r pum llythyr sydd gennym o law Pelagius, mae pedwar wedi eu cyfeirio at fenywod). Yn ogystal, fe dreuliai cryn amser yn crwydro ymysg y werin yn traethu ar gornel stryd. Fe rybuddiai ei ohebyddion rhag ymffrostio yn eu statws fel uchelwyr, ac fe'u haddysgai na ddylid meddu ar fwy o nwyddau'r byd hwn nag sydd eu hangen, a bod yna ddyletswydd i rannu gyda'r tlawd, a rhannu cymaint â phosib ymysg ei gilydd.

Sut felly yr oedd y gŵr doeth a gwylaidd hwn, a ymdebygai i ryw fath o ragsosialydd, yn ymgorffori'r bygythiad mwyaf i Gristnogaeth ers dyddiau'r Iesu? Yn syml iawn, cymaint oedd ffydd Pelagius yn y natur ddynol, fel yr ofnai Awstin ag eraill nad oedd lle i'r Tad, y

Mab, na'r Ysbryd Glân yn ei ddiwinyddiaeth. Nid oedd angen gras Duw ar ddynoliaeth er mwyn sicrhau ei hiachawdwriaeth. Lle'r oedd Awstin yn ystyried y llwybr at y bywyd da yn un cul, yn frith o feini tramgwydd, nad oedd modd ond i'r dewisedig rai ei rodio, i Pelagius roedd y ffordd at dduwioldeb yn draffordd eang ar agor i bawb, ag angen dim ond gofal ac ewyllys wrth lywio ar hyd-ddi, yn ôl y trywydd a roddwyd gan y gair.

Mae'n gymwys dechrau o ddifri ar gymhariaeth o athrawiaeth y ddau gyda rhai o syniadau gwaelodol Awstin, cyn eu cymharu gyda nodweddion pwysicaf, a mwyaf beiddgar athrawiaeth Pelagius. Mae sawl awdur eisoes wedi cynnig dadansoddiad trylwyr o'r gwahaniaethau yn eu diwinyddiaeth, gan gynnwys Robert Evans ac Eifion Powell, ac o gymharu â'u gwaith disglair hwy, amlinelliad digon tila a gynigaf innau fan hyn – ond gyda'r gobaith o dynnu sylw'r darllenydd at yr hyn sydd bwysicaf o safbwynt cyferbyniaeth.

Awstin

Dechreuaf gyda'r nodwedd honno sydd mor greiddiol i bob dysgeidiaeth grefyddol neu athronyddol, a hwnnw yw'r cysyniad o'r natur ddynol. Mae dealltwriaeth Awstin ohonom fel bodau syrthiedig, diffygiol a phechadurus yn allwedd i ddeall ei safiad ar ras a'r bywyd da. Y rheswm syml dros ein sefyllfa druenus yw pechod gwreiddiol Adda. Roedd gweithred Efa o fwyta'r afal yn resynus, ond nid oedd o'r un anian â phenderfyniad Adda – oherwydd i'r sarff ei thwyllo. Ond dylai Adda fod wedi gwybod yn well, a thrwy ei benderfyniad i gamddefnyddio'r ewyllys a roddwyd iddo gan y Bod Mawr, fe'i dedfrydwyd ef a'i holl etifeddion yn euog. Esbonia Bonner, nid yn unig inni etifeddu euogrwydd Adda, ond rydym hefyd i ddeall ein bod wedi etifeddu salwch sy'n: 'gwanychu ein natur, yn ein gwneud yn ysbrydol sâl, ac mewn angen dirfawr o'r meddyg dwyfol i'n hiacháu' (1986: 371). Rydym felly wedi etifeddu'r cyfrifoldeb moesol am dramgwydd Adda, a hefyd gwendid meddwl a chorfforol sy'n ein harwain yn wastadol at bechod, drwy chwant a thrachwant (dyheadau y cyfaddefodd Awstin iddo eu profi yn gyson yn ei lencyndod).

Dedfryd ddifrifol i'w hysgwyddo felly, a dyma bwysigrwydd gras. Nid oes modd inni adfer ein sefyllfa druenus ar ein pen ein hunain – o safbwynt Awstin mae hunanwellhad yn freuddwyd gwrach, a dim ond trwy ras Duw y gallwn ni obeithio cyrraedd y bywyd da. Dichon y ceir sawl modd o ymdrin â chysyniad Awstin, ond ymddengys o leiaf ddwy agwedd hanfodol iddi. Yr un gyntaf yw'r gras a roddir gan Dduw drwy sacrament y Bedydd. Rhan o ddysgeidiaeth hanfodol Cristnogaeth, yn nhyb Awstin, yw'r angen i fedyddio babanod er mwyn eu gwaredu o euogrwydd am bechod Adda (sef y 'pechod gwreiddiol'), a'r gwendidau y maent wedi eu hetifeddu gan Adda drwy eu cyndeidiau.

Er gwaethaf yr 'ail gyfle' a grëir trwy fedydd, gras anghyflawn i greadur mor ffaeledig â dyn yw hyn, ac er mwyn inni gynnal unrhyw obaith o fywyd tragwyddol, rhaid dibynnu eto ar ras Duw. Oherwydd i Dduw roddi inni'r gallu i ddewis, a'r tueddiadau sydd ynom tuag at flys, rydym o hyd mewn perygl o wneud penderfyniadau anghywir a phechu ac anwybyddu ei orchmynion. Dim ond trwy ras yr Ysbryd Glân, ynom ni, y gallwn obeithio byw bywyd ysbrydol, Cristnogol. Bydd ein dyheadau naturiol, corfforol, yn ein harwain ni ar gyfeiliorn bob amser, a gallwn ddim ond gobeithio y bydd gras Duw yn ymyrryd i'n cadw ni ar y gwir drywydd. Dyma ail elfen Gras, yr hyn a ddisgrifiwyd gan Evans yn ras trwythol – nerth ysbrydol sy'n ein meddiannu a'n tywys ni er mwyn sicrhau ein bod yn gwneud y penderfyniadau cywir. Yr ymyrraeth honno a brofodd Awstin mewn modd mor ysgytwol, yn ôl ei *Gyffesion*.

Cymaint yw dylanwad gras, yn ôl diwinyddiaeth Awstin, fel ei bod hi'n hawdd colli golwg ar y syniad o ewyllys rhydd. O werthfawrogi dibyniaeth dyn ar Dduw, yn ôl Awstin, efallai na ddylai hyn achosi penbleth inni. Wedi'r cyfan, os ydym mor anobeithiol ag y mae Awstin yn ei awgrymu, pwy fyddai eisiau ewyllys rhydd? Ond roedd angen i Awstin greu lle i'r cysyniad yn ei ddiwinyddiaeth, nid yn unig oblegid bygythiad Pelagius, ond oherwydd ei hanes ef ei hun. Cyn ei dröedigaeth Gristnogol, fe ymlynai Awstin wrth y ffydd Maniceaidd, a seiliwyd ar ddealltwriaeth o fydysawd lle'r ymgorfforir y da mewn goleuni ysbrydol a'r drwg yn y byd materol. Pregethai am anobaith dyn yn wyneb ei ffawd feidrol, a'i ddiffyg ewyllys yn wyneb ei dynged. Roedd tanseilio'r safbwynt hwn yn erthygl ffydd i Awstin ac yn brawf o'i dröedigaeth. O'r herwydd, byddai cyhuddiad gan Pelagius, ddegawdau'n ddiweddarach, yn awgrymu'r gwaddol Maniceaidd yn niwinyddiaeth Awstin, gan orfodi ymateb pendant ar ei ran.

Ni ddylem synnu, efallai, i 'Ddoctor Gras', fel y'i llysenwyd, ddychwelyd i'w gysyniad hollbwysig i ymateb i'r her hon. Nid oedd Awstin yn gwadu fod dyn yn ei gyflwr syrthiedig yn gallu dewis – ond nid oedd y dewis hwn yn gyfystyr â'r ewyllys rhydd, gan fod pob dewis yn gaeth i fympwy'r unigolyn o dan ddylanwad chwant a thrachwant. I ddefnyddio terminoleg Kant, nid oedd yn bosib dianc rhag heteronomi'r ewyllys, oni bai am ras Duw yn gweithio trwy'r ewyllys. Yn ôl Powell:

> Y mae gras, felly, a gyflwynir gan weithrediad mewnol cariad Duw drwy'r Ysbryd Glân i galon dyn yn galluogi'r ewyllys rhydd i fod yn rhydd i gyflawni'r da. Nid yn unig y mae gras yn dysgu i ddynion yr hyn a ddylent wneud, ond y mae'n rym sy'n eu galluogi i wneud yr hyn a ddylent... y mae gras rhagflaenol Duw yn galluogi'r etholedigion hynny i barhau mewn edifeirwch ac i gyrraedd gwynfydedigrwydd. Y mae'r gras hwn y peri bod ewyllys anwrthwynebol Duw yn gweithredu drwy'r ewyllys dynol, nid drwy ei goresgyn ond wrth ei meddiannu o'r tu mewn fel ei bod hi'n offeryn cyflawni ewyllys Duw (2000: 51).

Tra bod Kant yn ystyried yr ewyllys rhydd fel yr hyn sy'n dilyn rheswm, y mae Awstin yn ystyried yr ewyllys rhydd fel yr hyn sy'n cyflawni ewyllys Duw, trwy ei ras trwythol.

Yn y dyfyniad uchod crybwyllwyd yn ogystal yr un thema, tyngedfennol i gynifer, nad ydym eto wedi ei ystyried – a honno yw rhagordeiniad. Nid pawb sy'n elwa o ras Duw; yn wir, er gwaethaf achubiaeth Iesu, mae'r mwyafrif yn parhau i fod yn eneidiau heb obaith o iachawdwriaeth. Mae Bonner yn esbonio meddylfryd Awstin trwy apêl at fawredd Duw: dim ond trwy drugaredd Duw y gall unrhyw un gael ei ryddhau o ddamnedigaeth. Dengys grym ei ras, a dialedd ei gyfiawnder dwyfol, trwy rannu dynol-ryw yn ddau. Pe bai pawb wedi eu hachub, ni fyddai lle i'w gyfiawnder, a phe bai pawb yn golledig ni fyddai lle i'w drugaredd.

Fel y mynegwyd eisoes, trywydd caled sydd i'r bywyd da yn ôl Awstin, ac o ganlyniad trywydd caled i'r bywyd tragwyddol. Y mae gras Duw yn hollbwysig – i'n gwaredu o'r pechod gwreiddiol, i'n tywys ni rhag y drwg, i roi ffydd a goleuni yn ein bywydau, i roi inni ewyllys rhydd, ac i roi unrhyw obaith inni o wellhad ysbrydol. Mae gras yn rhodd ac yn gymorth, meddyginiaeth barhaol ar gyfer ein gwendidau, a rhaid inni gofio geiriau Crist bob amser – 'hebof fi, ni ellwch chwi wneuthur dim'.

Pelagius

Dealltwriaeth tra gwahanol o ffawd dyn a gawn gan Pelagius, i'w esbonio yn y lle cyntaf trwy droi at ei ddehongliad ef o'r pechod gwreiddiol a'i sgileffeithiau ar y natur ddynol. Eto, yng ngeiriau Powell:

> Gwrthodai Pelagius gredu bod y natur ddynol yn llygredig. Ystyriai bechod Adda fel gweithred unigol ddrygionus a osodai esiampl ddrwg i'r ddynoliaeth, ond na fu'n gyfrifol am lygru'r natur ddynol yn llwyr o genhedlaeth i genhedlaeth, ac ni chredai y gallai dyn gael ei ddal yn gyfrifol am unrhyw weithred bechadurus na chyflawnodd ef ei hun mohoni (2000: 49).

Agwedd llawer mwy optimistaidd a gawn felly gan Pelagius, o'r cychwyn cyntaf. Nid ydym wedi etifeddu unrhyw gyfrifoldeb am gam Adda, nac ychwaith wedi cael ein dolurio gan ei weithred. Yn hytrach, yr hyn sydd wedi dolurio dyn ers y cwymp cyntaf yw'r tueddiad i ddilyn enghraifft ddrwg Adda a chamddefnyddio'r ewyllys rhydd a roddwyd inni gan Dduw. Y cynsail i'w agwedd ar bechod yw ei ddealltwriaeth o ddrygioni, a'r ffaith ei fod yn gwrthod y syniad fod drygioni o ansawdd materol (dengys ei bellter o'r bydolwg Maniceaidd). Nid yw'r bydysawd wedi ei gyfansoddi o'r da ysbrydol a'r drwg materol. Yn hytrach, rhyw fath ar amddifadrwydd ydi drygioni – gwrthdroad o'r hyn sy'n dda, yn hytrach nag endid ynddo'i hun. Am y rheswm hwn, nid oes modd derbyn y syniad y gall dynoliaeth, endid a grëwyd gan Dduw, gael ei llygru yn dragwyddol. Nid pechod yw sefyllfa anochel dyn – ond arfer i'w osgoi.

Cyfyd nifer o gwestiynau oherwydd y man cychwyn hwn. Os derbyniwn mai arfer gwael, ac nid natur lygredig, sy'n gyfrifol am ein sefyllfa syrthiedig, beth felly yw gwir ystyr aberth yr Iesu, a pha beth yw gras? Yn naturiol, cyfyd cwestiwn ynglŷn â gwir anghenraid aberth Crist o safbwynt Pelagaidd. Yr esboniad a gynigir gan Bonner yw fod arfer drwg dynoliaeth dros yr oesau yn ymdebygu i fersiwn o'r Cwymp – bod yr arferion gwael hyn wedi eu gwreiddio ym meddwl dynion i'r fath raddau, fel bod rhyw fath o ddüwch wedi llethu eu meddyliau, a'u bod wedi colli eu ffordd yn gyfan gwbl. Nid oedd angen ail-greu dynoliaeth, fel yr awgrymir gan ddehongliad Awstin, ond yr oedd angen maddeuant trwy aberth Iesu, yn ogystal â'r datguddiad, i'w hatgoffa o'u gwir natur ac i'w hailhyfforddi unwaith eto. Mae Crist felly, nid yn unig yn Iachawdwr drwy ei aberth, ond mae ef hefyd yn cynnig cymorth drwy ddatguddiad ac yn dangos i'w bobl y llwybr i'r bywyd tragwyddol drwy ei ddysgeidiaeth.

Ond nid gras Crist yn unig sy'n wahanol yng ngolwg Pelagius. Yn wir, mae gras ar ei ffurf fwyaf sylfaenol i'w weld yng ngalluoedd dynoliaeth – yn ein potensial ni i ddewis byw bywyd heb bechod. Nid gras trwythol Awstin sy'n ein meddiannu, ac yn ein harwain trwy fywyd mohono ond yn hytrach, rym dwyfol. Mae Duw, yn hytrach, wedi rhoi gallu inni fel y gallwn ddefnyddio ein hewyllys rhydd i fyw'r bywyd da, a byw heb bechod, a thrwy hynny gynnal y gobaith o iachawdwriaeth. Ar yr union bwynt hwn y mae Evans yn ymateb i hanfod tybiedig yr heresi: 'nid athrawiaeth yw hon sy'n dysgu y gall dyn, drwy "natur heb gymorth", ennill iachawdwriaeth' (1968: 109). Hynny yw, nid yw gras yn diflannu i adael diwinyddiaeth heb Dduw. Yn hytrach, neges Pelagius yw gallu dyn i fod heb bechod a byw'r bywyd da – un tra gwahanol i'r hwn o eiddo Awstin – ond gan ddibynnu yn yr un modd ar Dduw: i roi gras ar ffurf ein galluoedd naturiol a'n hewyllys rhydd.

Un cwestiwn sy'n codi yng nghyd-destun diwinyddiaeth Pelagius, nad yw'n cael ei ateb yn foddhaol, a hynny yw'r broblem o fedyddio. Oni fydd yr angen am fedydd yn llai amlwg, a dweud y lleiaf, os nad ystyrir babanod yn etifeddion euogrwydd a natur lygredig Adda? Honnai Pelagius na wyddai lle'r ai babanod sydd mor anffodus â marw cyn cael eu bedyddio, ond taerai nad aent i ddifancoll. Y casgliad pragmataidd yw nad oedd Pelagius am herio'r arfer hwn oherwydd ei boblogrwydd ymysg y mwyafrif helaeth o Gristnogion. Am y rheswm hwn ceir anghysondeb amlwg yn ei system ddiwinyddol. Awgryma hyn rywbeth arall am Pelagius – sef bod y llysenw a roddwyd iddo gan Brinley Rees, 'the Reluctant Heretic', yn ymddangos yn agos ati. Gweithredu yn y gobaith o ddiwygio'r Eglwys y gwna Pelagius, yn hytrach na'i danseilio – yn groes efallai i rai o'i ddisgyblion mwy beiddgar fel Celestius. Yn wir, ymddengys ei fod mor awyddus i beidio â herio traddodiad yr Eglwys, nes ei fod yn gwbl barod i aberthu cysondeb ei ddiwinyddiaeth.

Er, efallai, bod diwinyddiaeth Pelagius ar yr olwg gyntaf fel petai'n cynnig noddfa rhag dedfryd boenus a therfynol Awstin ar y natur ddynol, mewn ystyr arall mae'n cynnig mwy o her – oherwydd ni allwn ddibynnu ar ras Duw i'n harwain ni trwy fywyd. Yng ngeiriau Pelagius:

> Plannwyd ynom ni gan Dduw bosibilrwydd gweithredu i'r ddau gyfeiriad. Y mae'n debyg i wreiddyn… sy'n cynhyrchu ffrwythau lluosog. Y mae'n dwyn ffrwyth gwahanol yn ôl ewyllys dyn; ac yn medru yn unol â dewis y diwyllydd gynhyrchu naill ai flodeuyn hardd o rinweddau neu lwyn dreiniog o ddrygioni. (Powell 2000: 50)

Amlygir felly'r gwahaniaeth amlwg gyda safiad Awstin, sy'n mynnu bod yr ewyllys rhydd yn ddim byd mwy na gras Duw, yn gweithredu trwom ni. Gras Duw yn ôl Pelagius yw'r gwrthwyneb – y gallu i ddewis. Dim ond ni, felly, sy'n gyfrifol am ein penderfyniadau, a dim ond y ni sydd â'r grym i ddewis y bywyd da. Rhaid inni felly frwydro yn erbyn y chwant a'r trachwant a foddhawyd gan Adda a'n cyndeidiau, a dewis byw yn ôl ein gwir natur.

Yr hyn sy'n nodweddu diwinyddiaeth Pelagius, felly, yw'r syniad fod hunanwellhad a'r trywydd i'r bywyd da o fewn gafael pob unigolyn – dim ond iddynt ymdrechu i ddilyn gair Duw ac osgoi pechod drwy wneud penderfyniadau cywir. Yn ôl Evans, dyw rhagordeiniad o safbwynt Pelagaidd yn ddim byd mwy na rhagwybodaeth ynglŷn â phwy fydd, trwy ei ffydd, yn agored i ras er mwyn gweithredu'r ewyllys ddwyfol. Ar y naill olwg, mae hwn yn safiad sy'n llawn gobaith, un sy'n rhyddhau'r unigolyn o bechod Adda ac yn cynnig cyfle i bawb ennill eu hiachawdwriaeth. Ar yr olwg arall, fodd bynnag, mae'r cyfrifoldeb dros y bywyd da yn cael ei drosglwyddo i'r unigolyn – nid yw'r llwybr i'r bywyd da, chwedl Awstin, yn dibynnu'n gyfan gwbl ar ras Duw. Ni allwn ystyried ein pechodau a'n drwgweithredu yn ganlyniad i natur ffaeledig na diffyg gras, yn hytrach mae'r methiant i fyw'r bywyd da yn fethiant ar ein rhan ni i wrthod arferion drygionus dynoliaeth.

Gwaddol Pelagiadd?

Fe fyddai'n hawdd barnu fod gwaith a gweithredoedd Pelagius yn ddim byd mwy na phennod ddiddorol, os ymylol, yn hanes yr Eglwys, sydd heb adael llawer ar ei ôl – ac eithrio term o ddirmyg. Ond dedfryd annheg fyddai hon, oherwydd y rheswm sylfaenol na allwn gynnig barn deg ar gorff o waith nad yw bellach yn ein meddiant. Yn fwy na hynny, fodd bynnag, mae dyn yn teimlo fod ateb Pelagius i'r cwestiwn, 'sut i fyw'r bywyd da?', yn awgrymu syniadau, neu fydolwg, sydd â'u gorwelion y tu hwnt i'r amser a'r byd y trigodd ef ynddynt.

Fel y mae Brinley Rees yn awgrymu, mae hyn yn amlwg yn y lle cyntaf yng nghyswllt y ffydd Gristnogol, a'r modd y mae wedi datblygu ar linellau Pelagaidd, yn araf deg, dros y canrifoedd. Yr oedd, yn ôl Rees:

> yn anffodus yn yr ystyr ei fod yn ddyn a oedd ymhell cyn ei amser. Heddiw, a'i ddau gasbeth – rhagordeiniad a phechod gwreiddiol Awstinaidd – bellach wedi eu hysgubo oddi ar fwrdd y llong, a swyddogion y llong honno o dan orchymyn i ailystyried un o'u hoff arferion – sef bedyddio babanod – efallai na fyddai wedi dioddef dim byd gwaeth nag ymgyrch yn eu mysg i sicrhau na châi dyrchafiad o fewn eu rhengoedd. (1991: 81)

O ddiddordeb penodol i ni'r Cymry, yn arbennig o safbwynt y syniad o ymhel â'r meddwl gorllewinol o safbwynt Cymreig, yw'r ymdrechion gan y diweddar Pennar Davies i glodfori Pelagius ac arddel ei syniadau. Cynigia ddehongliad unigryw o Gristnogaeth Cymru, a chred fod dysgeidiaeth Pelagius yn nodwedd hirhoedlog a rhinweddol o'r Gristnogaeth honno. Yn y llyfr *Rhwng Chwedl a Chredo*, mae Pennar Davies yn dadansoddi hen lenyddiaeth a barddoniaeth Gymreig, gan ddadlau eu bod yn arddangos gwaddol paganiaeth y Celtiaid yn y math arbennig o Gristnogaeth sy'n cael ei ddathlu ynddynt, ac a ymgorfforwyd hefyd gan ddysgeidiaeth Pelagius. Ceir awgrym bod y fath agwedd wedi parhau yng Nghristnogaeth Cymru tan y cyfnod modern (damcaniaeth y rhoddwyd sylwedd iddi, gyda llaw, gan un gweinidog a fu'n gwrando ar y ddarlith wreiddiol. Awgrymodd mai dealltwriaeth Pelagaidd sydd gan y mwyafrif o gapelwyr Cymreig, yn eu cred bod byw bywyd Cristnogol yn sicrhau eu lle yn y nefoedd).

Nid Pennar Davies, mae'n debyg, yw'r unig un i gynnig y ddadl fod Pelagius yn gyswllt rhwng gwareiddiad paganaidd a Christnogaeth. Yn ddiweddar mae Carol Harrison (2000: 106–14) wedi dadlau fod Pelagius wedi 'parhau pwyslais y traddodiad clasurol ar yr ymgais i ymgyrraedd at berffeithrwydd, tra bu i Awstin ymwrthod yn llwyr â'r traddodiad hwnnw' (Powell 2000: 50). Rhydd nerth ychwanegol felly i'r awgrym fod diwinyddiaeth Pelagius yn ymestyn y tu hwnt i'w gyfnod penodol ef mewn hanes, nid yn unig wrth ragflaenu'r elfennau mwy rhyddfrydol yna o'r Eglwys Fodern y mae Rees yn cyfeirio atynt, ond yn yr ystyr ei fod yn coleddu credoau a chysyniadau am y natur ddynol a fu'n gonglfeini i wareiddiadau a oedd yn blaenori'r Ymerodraeth Rufeinig a Gwledydd Cred. Yn wir, y mae'r cysylltiadau awgrymog hyn gyda'r bydoedd Celtaidd a Chlasurol yn awgrymu nad dileu o'r Eglwys rhyw fyd olwg ymylol – o eiddo rhyw Frython gyda chwilen yn ei ben – a wnaeth Awstin Sant, ond gwaredu cysyniadau creiddiol, dyneiddiol o Gristnogaeth sefydliadol a oedd ar daen yn yr henfyd, na fyddai'n gweld golau dydd eilwaith tan y Dadeni Dysg; ac eithrio gwareiddiad ymylol Celtiaid Ynysoedd Prydain, chwedl Pennar Davies.

Pery dylanwad Pelagiaeth mewn trafodaethau amgenach, lle'r awgrymir ei fod, nid yn ddiwinyddiaeth arbennig neu athrawiaeth, ond yn hytrach yn rhyw fath o fotiff i gynrychioli modd penodol o feddwl yn y byd modern. Yng nghyd-destun damcaniaeth gwleidyddiaeth ryngwladol, er enghraifft – yn dilyn enghraifft Michael Oakeshott – mae Nick Rengger yn amddiffyn yr hyn a elwir ganddo yn dueddiadau gwrth-belagaidd yn y maes. Dyma yw'r damcaniaethau sy'n gwrthwynebu'r awgrym 'Pelagaidd' fod dyn yn meddu ar y gallu i sicrhau hunanwellhad, ei bod yn bosib diwygio ein strwythurau gwleidyddol er gwell, a bod yna reswm i fod yn optimistaidd ynglŷn â gallu dynolryw i fynd i'r afael â diffygion eu cyfundrefnau.

Mewn modd Awstinaidd, mae Rengger ac eraill yn ystyried y fath fyd-olwg yn un afrealistig, ac o bosibl, yn beryglus. Gwell derbyn ein diffygion o'r cychwyn cyntaf a mynd i'r afael â'r byd, gan gadw'r rhain mewn golwg bob amser, yn hytrach na dallu'n hunain gyda syniadau iwtopaidd a pheryglu ein hunain gydag amcanion goruchel a naïfrwydd am ein cysylltiadau gwleidyddol. Dyma gnewyllyn y ddadl o fewn maes gwleidyddiaeth ryngwladol rhwng y realwyr a'r delfrydwyr, ac asgwrn y gynnen, yn ôl awgrym Rengger ac Oakeshott, yw'r ddadl y gwelwn rhwng Awstin a Phelagius ynglŷn â gwir natur ddynol. Iddynt hwy, cred gyfeiliornus yw'r syniad o natur ddilychwin sy'n cael ei phardduo gan arferion gwael y gellid eu diwygio; yn hytrach, mae ynom i gyd yr *animus dominandi* – y dyhead i arglwyddiaethu dros eraill – a'r sffêr gwleidyddol sy'n caniatáu'r mynegiant mwyaf rheibus o'r natur hon.

Y mae'n werth ystyried dadleuon Oakeshott, y cyfeiriwyd atynt gan Rengger, ychydig ymhellach, oherwydd y cyd-destun syniadaethol ehangach y gosodwyd hwy ynddynt, a'r hyn y maent yn awgrymu ymhellach am 'Belagiaeth' fodern. Y mae beirniadaeth Oakeshott yn rhedeg yn ddwfn, gan gychwyn gyda'i asesiad o'r modd cyfeiliornus y mae'r meddwl modern, rhesymegol, yn deall y cysyniad o wybodaeth. Hanfod ei ddadl yw'r sylw mai gwybodaeth dechnegol, ac nid gwybodaeth gyflawn, ymarferol, yw'r math o wybodaeth y mae'r meddwl rhesymegol yn ei huchelbrisio. Os nad yw'r wybodaeth yn gymwys i'w chofnodi ar ffurf ysgrifenedig, nid yw'r meddwl rhesymegol yn ei hystyried yn wybodaeth fel y cyfryw. Am y rheswm hwn, diystyrwyd yr wybodaeth ymarferol sy'n cwmpasu'r holl arferion, traddodiad a phrofiad a gasglwyd ar draws y blynyddoedd. Deillia'r agwedd hon yn rhannol o ymgais ddiffuant y meddwl modern i danseilio traddodiad, codi'r llen o anwybodaeth a chanfod y byd o'r newydd. Trwy hynny y byddai modd ymdrin â'r byd materol a'i ddiwygio, er lles dynoliaeth. Fodd bynnag, ei bechod mwyaf yn ôl Oakeshott, oedd tybio y gellir cymhwyso'r agwedd hon i fyd pobl.

Dyma'r Belagiaeth fodern ar waith, mae'n debyg, lle mae'r gred yn y syniad o ddiwygio'r byd cymdeithasol drwy wleidyddiaeth a pholisïau bondigrybwyll yn teyrnasu, ac yn trwytho agweddau ar naill ben y sbectrwm gwleidyddol a'r llall. Tanseilir nid yn unig yr holl wybodaeth ymarferol sydd wedi cyniwair dros y canrifoedd, ond yn waeth na hynny, fe'i seilir ar y syniad cyfeiliornus fod modd diwygio a gwella'r cymeriad dynol. Ym marn Oakeshott mae'r agwedd yn rhemp, ac yn y cyd-destun rhyngwladol ceir yr enghraifft fwyaf ynfyd ohoni – y byd anarchaidd, cystadleuol, ymladdgar lle mae'r syniad o gynnydd moesol yn cael ei danseilio dro ar ôl tro.

Fel testun beirniadol, y mae *Rationalism in Politics* yn llawn ystyriaethau dilys a chwestiynu pwysig sydd, mewn gwirionedd, yn effeithiol iawn wrth dynnu sylw at ryfyg gwleidyddion, a pheryglon y math o agwedd diwreiddyn, gwrthdraddodiad, sy'n gallu llesteirio ein bywyd cymdeithasol. Ar y llaw arall, mae'r modd y mae'n bwrw sen ar flaengarwch – megis dilorni Adroddiad Beveridge – yn datgelu agwedd eithafol o geidwadol sy'n awgrymu ei fod yn trigo ym myd Edmund Burke, lle'r oedd rhywfaint o hygrededd yn parhau i'r syniad o drefn naturiol, hierarchaidd, a chyfyngderau meddyliol y lliaws (ymddengys fod Boris Johnson a'i debyg yn parhau i fod o'r un anian!).

Daw'n glir pwy yw gelynion gwleidyddol Oakeshott wrth iddo enwi paragon y rhesymoliaeth wyddonol hon – neu mewn geiriau eraill, y Belagiaeth Fodern. Yn gyd-ddigwyddiad neu beidio, Robert Owen, y Cymro a'r sosialydd yw hwnnw. Ac yn wir, os ydym yn derbyn awgrym Oakeshott fod modd adnabod gwaddol trafodaethau diwinyddol yr henfyd yng nghywair trafodaethau gwleidyddol modern, yna mae yn llygad ei le gyda'r gyffelybiaeth hon. Yng ngeiriau cyntaf traethodau Owen ar 'ffurfiant y cymeriad dynol', ceir adlais cryf o'r gred Belagaidd nad yw euogrwydd Adda'n llygru'r natur ddynol, ac mai datblygiad arferion drwg sy'n gyfrifol am bechadurusrwydd dyn:

> Any general character, from the best to the worst, from the most ignorant to the most enlightened, may be given to any community, even to the world at large, by the application of proper means. (1991: 10)

Casgliad

Fel yr awgrymwyd droeon, mae'r cysyniad o natur ddynol sydd ynghlwm ag unrhyw ddiwinyddiaeth neu athroniaeth yn hollbwysig. Yr hyn a gynigwyd gan Pelagius, yn wyneb dehongliad Awstin o gyflwr syrthiedig dyn, yn gwbl ddibynnol ar ras a rhagordeiniad, oedd y gobaith y gall unrhyw un fyw'r bywyd da, oblegid graslonrwydd Duw. Er i syniadau Pelagius gael eu gwaredu o ddiwinyddiaeth yr Eglwys Gristnogol am gyfnod maith, ymddengys fod y gred am y natur ddynol, oedd yn bywiocáu ei fywyd, wedi ailymddangos ers hynny ar lawer ffurf, gan gynnig sail i weledigaethau megis iwtopiaeth Robert Owen sydd wedi trawsnewid y byd. Siawns na fyddai ychydig o'r ffydd hon yn foddion i'r Cymry cyfoes.

Llyfryddiaeth

Bonner G. (1963) *St Augustine of Hippo*. Norwich: The Cantebury Press, 1986.

De La Bédoyère, G. (2003) 'Abominable and Noxious Teachings' yn *Defying Rome – The Rebels of Roman Britain*. Stroud: Tempus.

Evans, R. F. (1968) *Pelagius: Inquiries and Reflections*. Efrog Newydd: Seabury Press.

Harrison, C. (2000) *Augustine: Christian Truth and Fractured Humanity*. Rhydychen: Oxford University Press.

Oakeshott, M. (1993) 'Scientific Politics' yn *Religion, Politics and the Moral Life*. New Haven, Llundain: Yale University Press.

Oakeshott, M. (1962) *Rationalism in Politics and Other Essays*. Llundain, Efrog Newydd: Methuen 1981.

Owen, R. (1813) *A New View of Society and Other Writings*. Llundain: Penguin, 1991.

Powell, E. (2000) 'Gras yn Awstin', *Diwinyddiaeth*, LI, tt. 40–53.

Rees, B. R. (1991) *Pelagius: A Reluctant Heretic*. Woodbridge: Boydell and Brewer

Rengger, N. (2005) 'Tragedy or Scepticism? Defending the Anti-Pelagian Mind in World Politics', *International Relations*, 19 (3), tt. 321–8.

Y Person Da a'r Person Duwiol

Agweddau o'r berthynas rhwng moesoldeb a chrefydd

Walford L. Gealy

Rhagymadrodd

Nid yw'r pwnc hwn yn un sy'n hawdd delio ag ef – a hynny'n rhannol oherwydd y mae'n ymwneud â mwy na'r ddeubeth amlwg a awgrymir gan y teitl sef, ar y naill law, crefydd (ac wrth 'crefydd' cyfeirir yn benodol at y traddodiad crefyddol Iddewig/Cristnogol) ac, ar y llaw arall, moeseg neu athroniaeth foesol. Yn ogystal â'r ddeubeth hyn, rhaid ystyried y cefndir diwylliannol ehangach y codir ynddo'r cwestiwn dan sylw sef, y berthynas rhwng crefydd a moesoldeb. Meddylier, er enghraifft, am y ffaith i Platon godi'r union gwestiwn hwn y tu mewn i'w ddiwylliant Groegaidd ei hun, a hynny ganrifoedd cyn dyfodiad Cristnogaeth. Ac yr oedd y diwylliant Groegaidd hwnnw yn dra gwahanol yn grefyddol i'r diwylliant Iddewig a fodolai yn yr un cyfnod. Rhan o'm bwriad yn y bennod hon yw ceisio egluro fod natur ddiwinyddol y cefndiroedd hyn yn effeithio'n ddwfn ar sut yr amgyffredir y berthynas rhwng crefydd a moesoldeb – a hynny i'r graddau ei bod yn hollol ystyrlon mewn un traddodiad i ofyn cwestiynau na fyddent yn ystyrlon o gwbl i'w gofyn mewn traddodiad diwinyddol gwahanol. Fe arweiniodd methiant rhai meddylwyr, gan gynnwys yr athronydd o Gymro, Richard Price, i gydnabod hyn, at gasgliadau cwbl gamarweiniol, ac hefyd i ambell athronydd moesegol cymharol ddiweddar, megis A. I. Melden, i gamresymu'n llwyr ynglŷn â'r mater.

Erbyn hyn disgrifir ein byd cyfoes, fel un ôl-Gristnogol, ac y mae'n debycach mewn rhai ffyrdd i fyd Groegaidd cyfnod Platon na'r byd Gorllewinol a fodolai rhwng, dyweder, dechrau'r bedwaredd ganrif OC a chyfnod y Dadeni Dysg, ac yn arbennig felly, ers yr adfywiad athronyddol a ddechreuodd yn Ewrop yn yr ail ganrif ar bymtheg. Felly, y mae o bwys inni edrych yn fanwl ar ddadl wreiddiol Platon gan i hon gael dylanwad sylweddol ar ein cwestiwn ynglŷn â'r berthynas rhwng crefydd a moesoldeb, yn enwedig o tua'r ail ganrif ar bymtheg ymlaen hyd heddiw.

Gwelir dadl enwog Platon dros yr hyn a ddisgrifir yn athronyddol fel 'otonomi'r moesegol' yn un o'i ddeialogau cynnar – os nad y cyntaf oll – sef, *Ewthuffron.* Enw cyfaill i Socrates oedd Ewthuffron. Gweithiai i gyngor dinas Athen yn erlynydd cyfreithiol. Un bore, cyfarfu Socrates ag ef pan oedd ar ei ffordd i'r llys. Gofynnodd Socrates iddo a oedd achos diddorol gerbron yr ynadon y diwrnod hwnnw ac fe gafodd ateb cadarnhaol, sef bod person yno'n wynebu cyhuddiad o lofruddiaeth. Nid oedd Ewthuffron chwaith yn amharod i ddatgelu pwy oedd y cyhuddedig, er mai ei dad ei hun ydoedd. Synnwyd Socrates yn fawr fod mab ar fin erlyn ei dad, a hynny am drosedd mor ddifrifol. Ceisiodd Ewthuffron gyfiawnhau ei fwriad drwy amryw ddadleuon, megis bod cyfiawnder i'w barchu a'i wneud ym mhob achos gerbron y llys ac nad yw perthynas bersonol i amharu o gwbl ar y drefn o weinyddu cyfiawnder. Aeth Ewthuffron ymlaen ymhellach i ddadlau mai hyn, sef gwneud cyfiawnder, oedd ewyllys y duwiau ac felly doedd dim o gwbl o'i le arno'n erlyn ei dad. Felly, gan mai dyma oedd ewyllys y duwiau, yr oedd Ewthuffron yn gwbl argyhoeddedig fod yr hyn yr oedd ar fin ei gyflawni yn gyfiawn a duwiol.

Ond gofynnodd Socrates iddo'r cwestiwn pellach: '...a yw'r duwiol yn hoff gan y duwiau am ei fod yn dduwiol, neu a yw'n dduwiol am ei fod yn hoff ganddynt?' Beth sy'n ymhlyg yng nghwestiwn treiddgar Socrates yw hyn: 'A yw'r cysyniadau o'r "dwyfol" a "yr hyn sy'n hoff gan y duwiau" yn rhesymegol ddibynnol ar ei gilydd, neu'n rhesymegol annibynnol ar ei gilydd?' Yn yr ymresymiad sy'n dilyn, y mae'n eglur beth yw safbwynt Socrates, a bod ei gasgliad ef yn seiliedig ar ei ragdybiaethau crefyddol. Y mae'n pwysleisio dro ar ôl tro yn ei ddadl ei gred nad yw'r duwiau yn gytûn ynglŷn â'r pethau y maent yn eu hoffi na'r pethau a gasânt. O ganlyniad, mae'n dilyn yn rhesymegol fod y pethau y maent yn eu hoffi yn wahanol ac yn annibynnol ar y duwiau eu hunain – sef yr union bethau hynny y mae rhai ohonynt yn eu hoffi ac eraill ohonynt yn eu casáu.

Yn ei ddiwylliant ei hun, nid oes gennyf amheuaeth nad yw cwestiwn Socrates yn berffaith ystyrlon a bod ei ymresymiad yn gwbl ddilys. Hynny yw, mewn crefyddau gydag amryw dduwiau, o reidrwydd, y mae'r cysyniad o'r hyn sydd dduwiol yn wahanol iawn i hwnnw a geir mewn crefyddau monotheistig. Yn un peth, os oes mwy nag un duw yna mae'n rhaid bod pŵer un duw – beth bynnag a olygir wrth 'bŵer' yn y cyd-destun crefyddol hwn – yn cyfyngu ar allu unrhyw dduw arall. Mwyaf yw rhif y duwiau, mwyaf yw'r cyfyngiadau sydd arnynt, a gwyddys o'r storïau am y duwiau Groegaidd nad ydynt yn dra gwahanol i bersonau dynol. Cwerylasant â'i gilydd a chynllwyniasant yn erbyn ei gilydd. O un agwedd ymddangosant yn fodau digon ffaeledig a meidrol. Saif hyn mewn gwrthgyferbyniad llwyr i'r cysyniad datblygedig o Dduw'r Iddew, fel y canfuwyd ef gan, dyweder, yr Ail Eseia yn y chweched ganrif CC. (Wrth gwrs, 'Duw ymhlith y duwiau' oedd Duw cynnar yr Iddew. Hynny yw, roeddent yn ymddiried mewn un Duw ond ni wadasant realiti duwiau eraill. Dim ond yn raddol yn hanes Iddewiaeth y datblygodd y gred mai dim ond un Duw sy'n bod, ac mai dim ond eilunod oedd y duwiau eraill.) Y mae'r newid hwn yn newid natur dadl Socrates yn llwyr. Y mae cynsail ei ddadl ef, sef y gred mewn amldduwiau cwerylgar wedi ei disodli gan gysyniad tra gwahanol am Dduw. Duw Ail Eseia yw Duw'r Testament Newydd; y Duw sy'n Greawdwr pob peth, ac y mae popeth sy'n deillio ohono, o'i ewyllys, trwy ddiffiniad yn dda. O ganlyniad, yn y cyd-destun Iddewig/Cristnogol hwn, ni ellir cydnabod ystyrlonrwydd cwestiwn Socrates. Yn y ffydd Gristnogol, y mae Duw a daioni yn un ac, o ganlyniad, nid oes posibilrwydd dychmygu daioni moesol, neu unrhyw bethau daionus eraill, dim ond fel rhan o'r Duwdod. Yma, o fewn fframwaith ffydd, y mae'r cysyniad o ddaioni yn rhesymegol ddibynnol ar y cysyniad o Dduw. Os ymresymir fod rhywbeth yn dda am fod Duw wedi ei orchymyn, ni ellir gofyn y cwestiwn, 'A yw wedi ei orchymyn am ei fod yn dda ynddo ei hun?' oherwydd bydd ystyr, 'y mae yn dda ynddo ei hun' yn wag. O'r safbwynt crefyddol, nid oes ystyr i'r ymadrodd o gwbl gan mai priodoledd o Dduw yw daioni. Os mynnir gofyn y cwestiwn pellach, 'Beth yw ystyr 'daioni' yma?', ni all y credadun ddim ond ateb trwy ddweud, 'Yr hyn a ddymuna neu a ddeillia o Dduw'.

Serch y newid amlwg a fu yn y rhagdybiaethau crefyddol, ni chydnabu rhai o'r athronwyr modern y ffaith hon. O ganlyniad daethant i gasgliadau annilys a chyfeiliornus. Dyma enghraifft o'r ddadl yn ei ffurf fodern ac o'r fath ymresymiad a'r casgliad annilys sy'n dilyn:

> ...we may ask, concerning the nature of right or good, whether things are right or good because God wills them or whether God wills them because they are right or good... If 'good' means conforming with God's will, then God's will is good reduces to the trivial ['gwag', 'diystyr'] statement that He wills what He wills. But 'A what wills what A wills' is true whether A's will is good or bad. The statement, then, that God's will is good is not trivial, and cannot identify what we mean by 'right' or 'good' with what we mean by 'the will of God'.

Ar yr wyneb, ymddengys yr ymresymiad yn deg – mor deg nes i nifer o athronwyr gael eu twyllo ganddo. Ond y mae dau wrthwynebiad rhesymegol i'r ddadl hon. Yn gyntaf, o'r frawddeg sy'n cychwyn, 'If "good" means conforming with God's will...' deuir i'r casgliad mai gwag neu ddiystyr yw'r dawtoleg sy'n dilyn sef, 'He wills what He wills.' Ond nid yw'r dawtoleg hon , fel nifer o dawtolegau tebyg, yn wag o ystyr. Yn wir, y mae gan y dawtoleg hon swyddogaeth acsiomatig yn iaith crefydd – fel dyweder, y gwna'r gosodiad adnabyddus, 'Duw cariad yw', neu 'Cariad yw Duw.'

Yn ail, y dryswch dyfnaf yn y ddadl yw'r symudiad o un defnydd o'r ferf 'bod' i ddefnydd ac ystyr cwbl wahanol. Nid yw hyn yn hawdd i'w egluro yn yr iaith Gymraeg oherwydd cystrawen y ferf 'bod'. Ond, gellir gweld y pwynt yn eglurach drwy gymorth ffurf y ferf yn yr iaith Saesneg – sef 'is'. Fel y gair hwn yn y Saesneg, y mae tri ystyr gwahanol i'r ferf 'bod' yn y Gymraeg sef:

1. 'bod' bodolaeth ('is' of 'existence') fel, er enghraifft yn y frawddeg: 'Y mae adar yn bod.' Nid yw'r ystyr hwn yn berthnasol i'r ddadl sydd dan sylw.
2. 'bod' traethiadol ('is' of predication) fel yn 'Glas yw lliw'r ffurfafen'.
3. 'bod' uniaethu ('is' of identity) fel, 'Pedwar yw dau a dau.' – a digon o dawtolegau eraill megis 'Busnes yw busnes.'

Yn nadl Melden cymysgir rhwng ystyron (2) a (3) o'r ferf. Y mae 'means' yn golygu, yn hollol gywir, trydydd ystyr y ferf. Ond yn y frawddeg sy'n cynnwys yr ymadrodd 'A's will is good or bad' ail ystyr 'bod' a geir, sef, 'yw traethiadol'. Mae'n dilyn o hyn ei bod hi'n rhesymegol bosibl i ddweud: 'Y mae ewyllys Duw yn ddrwg.' Y mae'r fath osodiad yn gwbl ddiystyr yn ddiwinyddol a dyma'r rheswm y myn y credadun crefyddol mai 'yw' uniaethu yw'r 'yw' sydd mewn gosodiadau fel, 'Da yw Duw'. Argyhoeddiad y Cristion yw bod 'da' yn gyfystyr â'r hyn a ewyllysir gan Dduw, neu sy'n deillio o Dduw.

Nid athronydd oedd Syr Emrys Evans, cyfieithydd yr *Ewthuffron* i'r Gymraeg, ond yn ei ragymadrodd i'r ddeialog daw i'r casgliad cywir hwn:

> Daw nodwedd arall ym meddwl Platon i'r amlwg yn yr egwyddor fod yr hyn sydd dduwiol yn hoff gan y duwiau am ei fod yn dduwiol, yn hytrach na'i fod yn dduwiol gan y duwiau am ei fod yn hoff gan y duwiau... Dyma safbwynt Platon ar hyd ei oes. Beth bynnag a phwy bynnag fo'r duwiau, ni all na charant y cyfiawn am ei fod yn gyfiawn. Rhaid iddynt gydymffurfio. Cawn yma wahaniaeth pwysig rhwng meddwl y Groegwr ag [*sic*] eiddo'r Iddew. Nid yn ewyllys Duw hollalluog y caiff y Groegwr hyd i seiliau dirwedd (*reality*), canys nid ewyllysio caru a wna Duw'r Groegwr; rhaid iddo garu. Nid i Dduw na duwiau na'r un egwyddor weithredol y dyry Platon y flaenoriaeth, ond i'r delweddau tragwyddol, hynny yw, yn nhermau moeseg, i'r gwerthoedd moesol sydd o flaen ac uwchlaw Duw a dyn.

Yn y traddodiad meddyliol modern atgyfodwyd dadl Socrates yn yr *Ewthuffron,* a hynny'n rhannol wrth i ddylanwad y traddodiad Cristnogol edwino. Yn wir, datblygodd mwy a mwy o athronwyr agwedd Platon tuag at y berthynas rhwng crefydd a moesoldeb. Tyfodd agendor rhwng y ddau fyd yn gynyddol wrth i gymdeithas dyfu'n gynyddol seciwlar. O gychwyn y broses hon, roedd dylanwad gwyddoniaeth a mathemateg yn ganolog. Ymhlith y mawrion athronyddol hyn yr oedd Kant, ac yr oedd ymhlith y cyntaf yn yr oes fodern i geisio sefydlu otonomi egwyddorion moesol. Gwnaeth ei orau i roi sylfaen i foesoldeb a oedd yn gwbl annibynnol ar ewyllys Duw. Mabwysiadodd egwyddor sylfaenol o'i gysyniad o resymoldeb a fyddai'n rhoi i reolau moesol yr un statws a deddfau byd natur a byd mathemateg. Yr egwyddor hon oedd 'cyffredinolrwydd': 'Na ewyllysier yr un rheol oni ewyllysir i'r rheol honno fod yn un gyffredinol.' Ystyr hyn yw y gellir mabwysiadu rheol foesol, dim ond os yr ewyllysir i'r rheol honno gael ei chadw gan bawb, bob amser a than bob amgylchiad. Felly, os mabwysiedir, er enghraifft, reol megis parchu gwirionedd, byddai'n rhaid i bob unigolyn, dan bob amgylchiad, ddweud y gwir. O'r egwyddor sylfaenol hon diddwythodd Kant ei ail reol foesol, sef: 'Na ddefnyddier dynoliaeth, naill ai yn eich person eich hun neu mewn unrhyw berson arall, yn gyfrwng i ddiben, ond yn ddiben ynddo ei hun.'

Edmygwyd gwaith arloesol Kant ar foeseg dros y canrifoedd er bod ynddo wendidau amlwg. Erbyn hyn, efallai, pwysigrwydd ei waith yw ei ymgais i ddatgysylltu moesoldeb oddi wrth y syniad o ddatguddiad dwyfol a rhoi iddi sylfaen yn yr hyn a dybiodd Kant oedd 'rheswm' dynol. Tyfodd mudiadau eraill ar ei ôl a diau mai'r prif un oedd Llesyddiaeth neu 'defnyddioliaeth' (utilitarianism). Ym Mhrydain cysylltir y mudiad moesegol hwn gyda dau athronydd yn arbennig, sef Jeremy Bentham a John Stuart Mill. Erbyn hyn, yn sgil datblygiadau diweddarach o fewn yr ysgol hon, disgrifir Bentham a Mill yn llesyddwyr cyffredinol – gan mai sôn am les cymdeithas yn gyffredinol, i raddau helaeth, oedd prif gonsýrn y ddau athronydd hwn fel ei gilydd. Yr oedd deddfau gwlad yn dda i Bentham, a gweithredoedd yn dda i Mill, os oedd canlyniadau'r naill a'r llall yn hyrwyddo lles neu hapusrwydd y mwyafrif yn y gymdeithas. Yn fwy diweddar, datblygodd ysgolion eraill o fewn moeseg llesyddol megis 'llesyddiaeth gweithred' (act utilitarianism) sy'n cynnig llinyn mesur i werthuso gweithredoedd moesol unigol (er enghraifft, y mae unrhyw weithred yn foesol dda os yw ei chanlyniadau er budd neu hapusrwydd y rhai a effeithir ganddi), a 'llesyddiaeth rheol' a rydd bwyslais ar swyddogaeth y rheolau a'r gwerthoedd moesol sy'n dderbyniol yn y traddodiad perthnasol, wrth ystyried y lles sy'n ganlyniad i weithred benodol. Unwaith eto, roedd y camau athronyddol hyn, bob un yn ei dro, yn ymbellhau'r moesol oddi wrth y crefyddol.

Ond gellir honni mai penllanw'r datblygiad hwn oedd gwaith y Sais G. E. Moore a'i gyfrol *Principia Ethica* (1903). Cysylltir ei enw ef, yn anad neb, â'r cysyniad o 'otonomi'r moesol'. Yr oedd Moore yn gydweithiwr gyda Bertrand Russell yng Nghaergrawnt, ac fe'i dylanwadwyd yn drwm gan athroniaeth Russell a elwir yn 'atomistiaeth resymegol' (logical atomism). Credodd Moore na ellid diffinio'r gair 'da' o gwbl, gan fod y gair yn sefyll am nodwedd syml neu 'atomig' yn y byd moesol – fel dyweder, y mae'r gair 'melyn' yn sefyll am nodwedd syml ym myd iaith lliwiau. 'Melyn yw melyn,' oedd honiad Moore a 'Da yw da,' (Sylwer, gyda llaw, ar y defnydd yma o 'yw' unfathu). Gellir, yn ôl Moore, roi enghreifftiau o bethau a gweithredoedd da, ond ni ellir diffinio'r nodwedd 'da' ei hun. Ond sut y 'gwelir' y da hwn? Ateb Moore oedd bod gallu gennym fel bodau dynol i sythweld (intuit) y moesol, a hyn sy'n ein galluogi i 'weld' beth sy'n dda a drwg. Ymddengys hyn yn ateb braidd yn rhyfedd gan mai empeirydd rhonc oedd Moore. Sut y gellir esbonio'r holl amrywiaeth moesol sydd mor gyffredin os meddwn, bawb, ar yr un gallu sythweledol?

Eithr nid yr apêl at sythweliad yw'r peth canolog ym moeseg Moore ond, yn hytrach, ei ddadl dros yr hyn a ddisgrifiodd yn: 'gamgymeriad naturiaethol' (naturalistic fallacy). Ei brif wrthrych beirniadaeth yma oedd Mill. Roedd Mill wedi uniaethu'r da moesol gyda'r unig beth hwnnw, a farnai ef, y dymunir ei gael er ei fwyn ei hun yn unig, sef pleser neu hapusrwydd. Ond dadleuodd Moore fod yna fyd o wahaniaeth rhwng 'yr hyn a ddymunir' a'r 'hyn a ddylid ei ddymuno' – ac y mae a wnelo'r moesol â'r hyn y dylid ei ddymuno. Camgymeriad Mill, yn ôl Moore, oedd uniaethu'r moesol gyda'r 'naturiol' neu'r 'seicolegol.' Eithr fe aeth Moore â'i syniad o'r 'camgymeriad naturiaethol' ymhellach, gan sôn am fersiwn neu ffurf 'metaffisegol' yr un camgymeriad, sef bod uniaethu'r moesol gydag 'ewyllys Duw' yr un mor afresymegol â chamgymeriad Mill. 'Da' moesol yw 'da' moesol, ac ni ellir ei uniaethu â dim arall. Yn ôl Moore felly, gellir dweud fod pleser yn dda, ond ni ellir diffinio 'da' yn 'bleser', ac, ar sail yr un ymresymiad, gellir honni bod ewyllys Duw yn dda, ond ni ellir diffinio daioni yn 'ewyllys Duw'. Eithr digon amheus yw holl ragdybiaethau dadl Moore.

Y mae dros ganrif bellach wedi mynd heibio ers cyhoeddi gwaith Moore ar foeseg. Erbyn heddiw, ni fydd nemor yr un athronydd yn gwadu'r syniad bod i iaith moesoldeb ei hystyrlonrwydd a'i rheolau ei hun. Yn ystod y cyfnod hwn o gan mlynedd bu sawl chwyldro mewn athroniaeth a effeithiodd ar foeseg. Ers dyddiau John Locke, y prif ogwydd athronyddol ym Mhrydain oedd empeiriaeth. Bu peth tyndra erioed rhwng yr athroniaeth hon a'r ymdrechion i roi rhyw adroddiad athronyddol o'r moesol. Fel y cyfeiriwyd ato uchod, bu'n rhaid i Moore droi at y cysyniad o 'sythweliad' yn ei gyfrif o natur y moesol. Yn y degawd a'i dilynodd, datblygodd ysgol foesegol a elwir 'Y Sythweledwyr' a'r enwau mwyaf blaengar a gysylltir â'r ysgol hon yw W. D. Ross a H. A. Prichard. Crybwyllaf hyn gan iddynt ddylanwadu'n drwm ar un o brif athronwyr Cymru'r ugeinfed ganrif ac awdur cyfrol ar foeseg yn y Gymraeg sef, y diweddar Athro Hywel D. Lewis. Sythweledwr moesegol oedd Lewis ac yn ei athroniaeth crefydd yr oedd y cysyniad o 'sythweliad' yr un mor bwysig.

Bu dau chwyldro arall ar ôl y cyfnod hwn – a'r ddau'n gysylltiedig â'r un person, sef Ludwig Wittgenstein. Pan oedd yn gymharol ifanc ysgrifennodd draethawd ar resymeg iaith dan y teitl *Tractatus Logico Philosophicus*. O ganlyniad i gyhoeddi'r gyfrol hon, datblygodd ysgol empeiraidd eithafol a elwir yn 'Positifiaeth Resymegol'. Yn nhyb yr ysgol hon, yr unig osodiadau ystyrlon oedd y rhai hynny y gellid, mewn egwyddor, eu gwirio drwy ddulliau gwyddonol. Ni pherthyn gosodiadau moesol i'r categori hwn ac felly dyfarnwyd pob gosodiad moesol yn rhai cwbl ddiystyr. Yn hytrach, fe'u hystyriwyd hwy yn ebychiadau neu'n synau sy'n dangos adweithiau emosiynol – megis pleser neu boen – mewn sefyllfaoedd penodol fel, er enghraifft, y mae curo dwylo yn dangos cymeradwyaeth neu ddangos dwrn yn arwydd o ddirmyg neu o gasineb.

Ond erbyn canol y ganrif cyhoeddodd Wittgenstein gyfrol arall sef, *Philosophical Investigations,* ac ynddi trodd holl syniadau'r *Tractatus* wyneb i waered. Yn wir, newidiodd Wittgenstein yr holl syniad o beth yw athroniaeth ei hun. Yn ôl ei athroniaeth ddiweddarach, ni ddylid meddwl am yr athronydd fel person sydd mewn sefyllfa ddyrchafedig ac sy'n gosod amodau ystyr pob dim ond, yn hytrach, fel un sy'n ystyried sut mae iaith yn ystyrlon ym mywydau a gweithgareddau pobl. Disgrifiadol (descriptive) ac nid cyfarwyddiadol (prescriptive) yw swyddogaeth yr athronydd, yn ôl Wittgenstein. Os yw pobl yn cyfathrebu'n llwyddiannus â'i gilydd, yna y mae eu hiaith yn ystyrlon. Y cwestiwn athronyddol yw: 'Ai'r un amodau ystyr sydd i bob ffordd o siarad neu, a yw ystyr yr hyn a ddywedir yn newid o un cyd-destun i'r llall?' Pwysleisiwyd gan Wittgenstein fod ystyrlonrwydd iaith ddynol yn annatod glwm wrth weithgareddau dynol, ac fel y mae ein gweithgareddau'n eithriadol o amrywiol, felly yr amrywia'r hyn sy'n ystyrlon ac sy'n anystyrlon i'w ddweud neu i'w ofyn o gyd-destun un gweithgaredd i weithgaredd arall. O ganlyniad, gwelodd Wittgenstein swyddogaeth yr athronydd yn un sy'n dangos y gwahaniaethau hyn mewn ystyr fel y mae'r cyd-destun yn newid. Mae hyn yn arwain i wahaniaethau pwysig fel arwahanu crefydd a moesoldeb. Dyma'r prif reswm dros deitl y bennod hon, sef, 'Y person da a'r person duwiol.' Wrth y 'person da' golygir y person sy'n foesol dda, ac wrth y 'person duwiol' golygir y person sydd â'i fryd ar gyflawni ewyllys Duw.

Ond y mae un canlyniad pellgyrhaeddol arall parthed moeseg ac athroniaeth crefydd yn dilyn o athroniaeth Wittgenstein. Wrth gysylltu ystyrlonrwydd iaith gydag ystyrlonrwydd gweithgareddau dynol, bwriwyd amheuon ar ddilysrwydd yr holl ddamcaniaethau moesegol traddodiadol. Un ffordd o edrych ar y damcaniaethau hyn yw eu gweld yn ffyrdd o osod sylfeini i gredoau moesol – fel petai'r cwestiwn, 'Paham y dylwn fod yn foesol o gwbl?' yn ystyrlon. Gwadodd Wittgenstein fod yna swyddogaeth o gwbl gan y fath gwestiwn, oherwydd y mae'r moesol yn rhan naturiol o fywyd dynol. Heb foesoldeb ni fyddem yn ddynol o gwbl. Felly, ni all y damcaniaethau weithredu yn sylfaen i foesoldeb neu i werthoedd moesol. Y gwerthodd eu hunain yw'r cyfiawnhad dros weithredu fel y gwnawn. Nid yw hyn yn golygu nad oes dim o werth yn y damcaniaethau moesegol. Yn wir, ceir elfen o wirionedd ymhob un ohonynt. Er enghraifft, elfen o drychineb yn ein bywydau yw'r cyfyng-gyngor moesol hwnnw pan fydd dau o'r gwerthoedd moesol yn gwrthdaro yn erbyn ei gilydd. Er enghraifft, addunedais i gadw cyfrinach, ond, yn annisgwyl, caf fy hun mewn sefyllfa lle y mae'n rhaid imi naill ai dorri fy adduned neu ddweud anwiredd, ac y mae'r naill ddewis cynddrwg â'r llall. Bydd rhywun yn siŵr o gael ei frifo pa benderfyniad bynnag a wneir. Person digon afresymol fyddai hwnnw na fyddai'n ystyried canlyniadau posibl y penderfyniad. Felly, y mae ystyriaeth fanwl o ganlyniadau penderfyniad yn gallu bod yn gwbl hanfodol mewn moesoldeb. Ond yma deuir i benderfyniad ar sail y gwerthoedd moesol, sy'n cynnwys y syniad moesol o geisio gwneud y dolur lleiaf i eraill dan yr amgylchiadau. Ond nid yw'r fath ystyriaeth y tu allan i gylch y gwerthoedd moesol eu hunain, ac felly ni ellir ei bod yn unrhyw sylfaen i'r gwerthoedd moesol hynny sy'n rhan o'n bywydau a'n traddodiad moesol. Mewn achosion eraill, y mae'r cysyniad o ddyletswydd (fel gan Kant) o bwys canolog, a bron yn ddieithriad y mae natur y cymhelliad (motive) dros weithredu'n foesol o bwys canolog. Gall gweithred ymddangosiadol o haelioni fod yn weithred o dwyll os yw'r cymhelliad y tu ôl iddi yn un hunanol. Ar y lefel negyddol, gallaf greu'r argraff nad wyf yn dangos atgasedd at ryw berson arall, oherwydd fy mod yn ofni beirniadaeth foesol eraill arnaf pe gweithredwn yn ddialgar. Eto mae'r cymhelliad dros fy ymarweddiad yn foesol annerbyniol. Y mae gan gysyniadau megis 'dyletswydd', 'canlyniadau', 'cymhelliad' le arbennig o bwysig mewn ystyriaethau moesol. Ond ni ddylid ystyried un o'r cysyniadau hyn naill ai yn *sail* y gwerthoedd moesol, na chreu ohonynt ddamcaniaethau moesegol holl gynhwysfawr ar sail un neu'r cyfan ohonynt.

Wrth gwrs, nid oes dim o'i le ar gwestiwn fel 'paham y gweithredaist fel y gwnaethost?' Gan mai cwestiwn yw hwn ynglŷn â pha werthoedd oedd yn sail dy benderfyniad i weithredu fel y gwnaethost mewn sefyllfa benodol. Nid yw'r fath gwestiwn yn bwrw amheuaeth holl gynhwysfawr ar y gwerthoedd moesol eu hunain.

Credaf fod llawer iawn o ddaioni moesol yn ein byd. Tybiaf fod y mwyafrif helaeth o'r ddynoliaeth yn garedig a chymwynasgar ac yn barod i gynnig help llaw – yn enwedig felly mewn argyfyngau. Ond nid yw'n dilyn o gwbl fod y fath bobl yn grefyddol dda – neu'n dduwiol. Yn wir, nid oes rhaid i neb fod yn dduwiol er mwyn bod yn foesol dda. Wrth danlinellu hyn, carwn wneud dau bwynt sylfaenol. Gall personau sy'n foesol dda fod heb unrhyw argyhoeddiadau crefyddol o gwbl. Ond, mewn gwrthgyferbyniad llwyr, bydd crefydda yn rhan allweddol o fywyd y person duwiol. Bydd, fel arfer, nid yn unig yn cyd-addoli'n gyhoeddus gyda'i gyd-gredinwyr, ond bydd ei fywyd personol yn fywyd o ddefosiwn ysbrydol. Bydd ei iaith a'i weledigaeth yn Dduw-ganolog ac, yn hynny o beth, mae ei fywyd yn cyferbynnu'n sylweddol â'r person sy'n foesol dda. Yn ail, y mae hyn yn arwain at gwestiwn pellach, sef ai'r un yw ystyr 'da' yn iaith moesoldeb a 'da' yn iaith crefydd. Credaf mai ateb negyddol sydd i'r cwestiwn hwn.

Mae'n wir i'r ysgrythurau Cristnogol roi llawer o bwyslais ar 'weithredoedd da'. (Fel arfer, y gair am 'da' yn y Groeg gwreiddiol yw *kalos* – a all olygu 'teg' mewn mwy nag un ystyr, fel y gair 'fair' yn Saesneg). Er enghraifft, yn y Bregeth ar y Mynydd dywedir wrth gredinwyr: 'Llewyrched eich goleuni ger bron dynion, fel y gwelont eich gweithredoedd da chwi ac y gogoneddont eich Tad sydd yn y nefoedd'. Yn yr un modd, honnodd Paul mai creadigaethau Duw yw credinwyr a grëwyd i gyflawni 'gweithredoedd da', 'y rhai a ragddarparodd Duw fel y rhodiem ynddynt.' Ond yn y bôn ystyr crefyddol sydd i'r 'da' hwn – yr un 'da' sy'n annatod glwm wrth yr ymadrodd 'Da yw Duw'. Un arall o gysyniadau sylfaenol iaith ffydd yw 'sancteiddrwydd' ac anogaeth gyson i gredinwyr yw iddynt fyw bywyd sanctaidd: 'Byddwch sanctaidd canys sanctaidd ydwyf Fi.' Y mae'r cysyniad hwn, sy'n hanfodol grefyddol ei natur, yn agos iawn at y cysyniad o'r 'da' crefyddol ac yn llwyr absennol o'r iaith seciwlar.

Onid yr un yw gwerthoedd moesol y person da a'r person duwiol? Onid yw'r ddau fel ei gilydd yn credu, dyweder, mewn gonestrwydd, haelioni, ffyddlondeb a chadw addewidion? Ydynt.

Cytunant â'i gilydd ar y mwyafrif o werthoedd moesol sylfaenol. Eithr rhaid cydnabod fod elfen o hap a damwain yn hyn oll, oherwydd dylanwad canrifoedd o wasgu crefydd ar gymdeithas. Ers dechrau'r bedwaredd ganrif, gyda thröedigaeth honedig yr ymerawdwr Cystennin, bu priodas cwbl anghyfreithlon rhwng y wladwriaeth a'r hyn a elwir 'yr eglwys Gristnogol yn y Gorllewin', a hynny er gwaethaf y ffaith i Iesu danlinellu: 'Nid yw fy nheyrnas i o'r byd hwn'. Ni newidiodd y Diwygiad Protestannaidd fawr ddim ar y sefyllfa, yn sicr ddim yng Nghymru a Lloegr. Meddiannodd yr eglwys sefydliadol hon fonoploli ar bŵer ac awdurdod dros y bobl a thros gyfraith gwlad a chadw heddwch a threfn. Fel y mae'n hanesyddol hysbys, dim ond yn y bedwaredd ganrif ar bymtheg y cafwyd heddlu a oedd yn annibynnol o'r eglwys a'i grym. O ganlyniad i fileniwm a hanner o rym crefyddol, a oedd wir yn ormesol, roedd yn anochel mai gwerthoedd yn seiliedig ar gred yr eglwys a oedd gan drwch y boblogaeth dros y canrifoedd hyn. Bu hi'n dasg anodd, felly, i geisio argyhoeddi credinwyr crefyddol bod gofynion ffydd arnynt yn llawer ehangach na; 'gwneud eu gorau i fyw bywyd da.' Yn wir, aeth yr holl gysyniad o 'sancteiddrwydd' yn ddiystyr i'r mwyafrif ohonynt. Does fawr o syndod, felly, bod encilio enfawr oddi wrth sefydliadau ffydd dros Ewrop ben baladr wedi digwydd.

Serch hynny, ymddengys i rai athronwyr fwrw ati, nid i ddangos y gwahaniaeth rhwng y moesol a'r crefyddol, ond i gyfannu'r ddeubeth â'i gilydd. Cafodd erthygl gan athronydd o'r enw H. J. N. Horsburgh gryn ddylanwad ar ambell Gymro o athronydd. Teitl papur enwog Horsburgh yw 'The Plurality of Moral Standards' ac ynddo mae'n sôn am dair lefel o foesoldeb sef:

(1) lefel y gyfraith, y lefel isaf o foesoldeb – ni ellir syrthio i lefel is na hon heb golli eich parch, a lefel sydd, yn ogystal, mor isel fel ei bod yn rhesymol cosbi pwy bynnag sy'n troseddu'r gyfraith;

(2) 'lefel ymgeisiol', sef y lefel yr anelir ati gan bersonau sy'n foesol dda;

(3) 'lefel ysbrydoliaeth' o foesoldeb, lefel a gysylltir gydag arwyr a'r rhai hynny a lwyddodd i fynd 'yr ail filltir' yn eu haberth foesol dros eraill. Mae'r lefel hon yn ysbrydoliaeth i eraill sy'n fwy cyffredin eu cyraeddiadau moesol ar hyn o bryd, ac sydd, hefyd, yn dangos bod y mwyafrif ohonynt yn dal ar lefel daioni 'y filltir gyntaf.' Diau fod peth gwerth yn y dadansoddiad hwn, ond yn anffodus, cafwyd yr awgrym pellach (ond nid gan Horsburgh ei hun) mai'r drydedd lefel hon yw'r un a olygai Iesu pan anogodd ei ddilynwyr i fod yn 'berffaith, fel y mae eich Tad yr hwn sydd yn y nefoedd yn berffaith.' Dyma uniaethu uniongyrchol y syniad cwbl grefyddol o'r hyn sydd dda a dadansoddiad athronyddol o foesoldeb seciwlar! Mae'r camgymeriadau yn y cyd-destun hwn yn frith. Ystyr 'perffaith' yma yw 'diduedd', hynny yw, peidiwch â charu (gofalu) fel dynion sy'n gwahaniaethu (discriminate) rhwng person a pherson, ond fel eich Tad nefol sy'n 'peri i'w haul godi ar y drwg a'r da'.

Y mae hefyd mor hawdd i ni gael ein twyllo gan symlrwydd y cyfeiriad at 'foesoldeb'. Byddai'n llawer mwy goleuedig i sôn am foesoldebau seciwlar (ac ni chyfeirir yma at y moesoldebau sy'n rhan o'r gwahanol grefyddau a welir bellach yn y gymdeithas amlddiwylliannol yr ydym yn rhan ohoni). Cyfeiriaf yn hytrach at fodolaeth mudiadau moesol o fewn y traddodiad moesol Gorllewinol. Meddylier, er enghraifft, am fudiadau fel y mudiad dros heddwch a'i gwrthwynebiad digyfaddawd i ryfel. Neu beth am y mudiad dros ryddid i ferched? Neu'r mudiadau dros ac yn erbyn erthylu? Neu dros ac yn erbyn rhyddid rhywiol o bob math? Y tu mewn i'r un diwylliant, ceir yn aml groesdynnu ar faterion sy'n waelodol ym mywydau pobl. Yn anochel, y mae'r fath dyndra yn croesi'r ffiniau rhwng y moesol a'r crefyddol. Parthed rhyfel, er enghraifft, nid damweiniol yw'r ffaith mai Awstin Sant oedd y cyntaf i gyflwyno a datblygu'r syniad o 'ryfel cyfiawn', canlyniad anochel y berthynas a ddatblygodd rhwng yr Ymerodraeth a'r Eglwys. Heddiw, ymddengys i'r eglwysi sefydliadol fod mewn trafferthion enbyd ynglŷn â natur priodas. Pe dysgid y wers sylfaenol nad yr un yw duwioldeb a moesoldeb seciwlar, mae'n dilyn y gall y person seciwlar ddiffinio priodas fel y mynno. Eithr dyletswydd y duwiol yw glynu wrth y cysyniad o sancteiddrwydd priodas (ac, yn wir, yn ôl rhai Cristnogion, y mae priodas yn sacrament, cysyniad cwbl ddieithr mewn moesoldeb seciwlar.)

I gloi, y gwaith pwysig mewn athroniaeth yw dirnad y gwahaniaethau mewn ystyr sydd i gysyniadau sylfaenol mewn gwahanol gyd-destunau. Ni cheir gwell esiampl o hyn na hwnnw a ddysgais gan Rush Rhees yn ei ddarlithiau ar athroniaeth crefydd. Y mae gan y cysyniad o aberth swyddogaeth ganolog mewn Cristnogaeth ac mewn agweddau o foesoldeb seciwlar. Ond, er peth tebygrwydd ystyr amlwg yn y ddau gyd-destun, y mae'r gwahaniaethau rhyngddynt yn sylweddol. Er enghraifft, meddylier am berson sy'n barod i farw dros achos da, fel milwr sy'n barod i farw dros ryddid ei wlad. Dyma aberth foesol ac fe all y milwr weld ei fywyd yn rhywbeth cymharol fychan ei werth o'i gymharu â phwysigrwydd yr hyn y mae'n marw drosto. Yn yr achos hwn y mae cymharu'r ddeubeth yn gwbl ystyrlon. Ond a fentrai'r credadun gymharu gwerth ei fywyd â'r dwyfol? Byddai hynny'n hollol ddiystyr!

Neu, meddylier am ferch sy'n aberthu ei gyrfa lewyrchus, yn athrawes dyweder, i ofalu am ei rhieni sy'n cyflym heneiddio. Dyma ei phenderfyniad hi ac nid oedd yn ddewis hawdd. Yma mae'n ystyrlon sôn am ddewis. Ond rhan o ymrwymiad y credadun yw gwrthod y dewis. Ildiodd ei sofraniaeth dros ei fywyd i Dduw. Nid oes dewis yma. Y mae ei fywyd, o reidrwydd ffydd, yn aberth i Dduw. Eto, gall person aberthu ei hun i'w waith, er enghraifft, i ymchwil meddygol. Mae'n ildio ei ryddid personol oherwydd pwysigrwydd ei waith. Eto mater o ddewis moesol ac aberth foesol ydyw. Yn arwynebol, gall y credadun crefyddol wneud yr 'un peth'. Ac eto y mae gwahaniaeth sylfaenol rhyngddynt. Gall y credadun aberthu ei fywyd i Dduw drwy ei waith. Wrth ei waith, cred ei fod yn cyflawni ewyllys Duw. Aberth ysbrydol ydyw.

Yn y math hwn o ddadansoddiad gwelir gwir dreiddgarwch y meddwl athronyddol, a gwir swyddogaeth yr athronydd, fel y canfyddir ef gan o leiaf un ysgol o athronwyr cyfoes.

Ffiniau Maddeuant

Meirlys Lewis

DYMA DESTUN CYFOETHOG SYDD wedi ei wreiddio yn ddwfn yn ein bywyd moesol a chrefyddol. Hyderaf y bydd y daith i ddeall rhai agweddau cymhleth ar y syniad o faddeuant a'i amlweaeth yn osgoi rhagdybiaethau o unrhyw fath. Dechreuaf gan grybwyll fod yna anghytundeb diddorol rhwng athronwyr ynghylch maddeuant: awgryma rhai mai cysyniad crefyddol yw maddeuant, i'w ddeall yn unig yng nghyswllt y berthynas rhwng y dynol a'r dwyfol. Nodweddir y berthynas hon gan sancteiddrwydd aruthrol Duw, euogrwydd dynol ar ôl tramgwyddo yn erbyn y sancteiddrwydd hwn, a'r angen am sicrwydd fod pechod yn erbyn Duw wedi ei faddau a bod y berthynas rhwng y person a Duw wedi ei hadfer.[1]

Y ddadl gyferbyniol yw mai cysyniad moesegol yw maddeuant. Gwna synnwyr yn unig yng nghyd-destun cwlwm ein rhyngweithiadau personol. Mae'n gamarweiniol cyfuno maddeuant â chysyniadau diwinyddol fel cymod rhwng dyn a Duw a'r Iawn yn unig. Mae maddeuant yn rhagdybio cyflawniad o dramgwydd, sarhad neu ddrygioni gan berson yn erbyn person arall, a pharodrwydd neu wrthodiad y person hwnnw i faddau i'r troseddwr.[2]

Dadl arall ddiddorol yw'r un sydd am danlinellu natur foesegol y cysyniad o faddeuant, drwy ddangos nad yw'n synhwyrol i siarad am faddeuant Duw. Os mai goruwchnaturiol, hollwybodol a hollalluog yw Duw, yna rhesymegol amhosibl yw sôn am ei faddeuant. Ymhell o'r ddamcaniaeth mai gwendid dynol a wna faddeuant yn anodd neu amhosibl, dyma'r union nodweddion, yn hytrach, a wna faddeuant yn ystyrlon ac addas. Y person dynol yn unig a all faddau: nid yw'n ystyrlon na phriodol i sôn am y Duw hollalluog, hollwybodol a goruwchnaturiol yn maddau. Nid yw amodau synnwyr y cysyniad o faddeuant yn ei gyswllt rhyngweithiol, personol, yn gallu gweithredu o gwbl yng nghyswllt bodolaeth Duw hollalluog, hollwybodol a pherffaith.[3]

Cyn cytuno ag unrhyw un o'r safbwyntiau hyn, rhaid codi rhai cwestiynau ynglŷn ag amodau posibl sôn am faddeuant. Dechreuwn felly gyda'r cwestiwn – pa beth yw maddeuant? Wrth ymateb i'r cwestiwn hwn, ceisiwn ateb cwestiwn cyd-destunol arall sef, a oes rheidrwydd i faddau, neu ym mha ffordd yr ydym i ddeall y gosodiad: 'Rhaid imi faddau'?

Mae'n amlwg na ellir sôn am faddeuant os nad oes trosedd a throseddwr yn y sefyllfa, na chyfeirio at faddeuant os na wnaethpwyd niwed a drwg yn fy erbyn. I faddau, rwyf yn ymwrthod â digofaint o unrhyw fath tuag at y person a wnaeth ddrwg yn fy erbyn. Mae maddau yn golygu troi oddi wrth deimladau o ddicter a llid, dibennu cythruddo a diddymu cosb, hyd yn oed pan fo troseddwr wedi fy niweidio hyd at efallai, golli fy rhyddid, iechyd a'm hunan-barch. Ond mae i faddeuant ddimensiwn arall; mae maddau yn golygu, nid yn unig ymwrthod â theimladau o ddicter a llid, ond hefyd mae'n golygu dod i berthynas hollol atgyweiriol. Maddau yw hybu budd a lles y troseddwr a nodi'r teimladau a fu gynt yn nodweddu'r berthynas cyn y drosedd. Dyma gysyniad sy'n ymwneud â sut mae person yn edrych ar ddaioni, sut mae person yn deall ei fywyd a'r ffyrdd mae'r da a'r drwg yn ymyrryd yn ei fywyd.

Yn gynnar iawn yn ein hanes fel unigolion fe ddysgwn am y rheidrwydd i fod yn edifar am unrhyw ddolur neu boen a achoswn i eraill. Mewn cyswllt cymdeithasol, yn ystod plentyndod er enghraifft, mae'r fformiwla yn ddigon eglur – caiff plant eu hyfforddi i ddweud eu bod yn ddrwg ganddynt, ar ôl gwneud dolur, neu beri poen. Oni bai fod yna gydnabyddiaeth o beri poen a dolur, ynghyd â'r mynegiant o fod yn edifar am achosi'r fath boen a dolur, nid oes maddeuant dim ond cosb. Dibynna pa gosb sy'n addas ar amgylchiadau'r drygioni ac ewyllys y rhieni. Dyma ddechreuad ein hymwybyddiaeth o ffiniau beunyddiol ein hymddygiad, dyma sut y deuwn i ddeall a defnyddio beirniadaeth foesol. Yr hyn sy'n bwysig yn yr ysgol hon yw:

(a) fod y mynegiant o fod yn ddrwg ganddo yn angenrheidiol, pa un bynnag a yw'r plentyn yn teimlo'n flin neu beidio, a

(b) mai'r cyflwr o wneud dim sy'n galw am y fath fynegiant o fod yn flin, a hynny yw'r modd rhagosodedig (default mode).

Rhan o'r dysgu yw deall hefyd sut i wahaniaethu rhwng bod yn wirioneddol flin a ffugio bod yn flin am gamwedd, a hyd yn oed rhwng maddau'n ddiffuant a ffug faddeuant.

Gwir fod hyfforddiant teuluol a chymdeithasol yn gofyn am drugaredd a maddeuant, ond gellir awgrymu nad oes gan y troseddwr 'hawl' i faddeuant. Trwy ewyllysio a dewis gwneud gweithredoedd gwrthun, mae'r troseddwr eisoes wedi diystyru a thorri terfynau pwysig, gwreiddiol; ac wrth faddau i'r troseddwr, gall ymddangos fel petawn yn lleihau pwysigrwydd ffiniau moesol.

Yn gyffredinol, digon rhwydd yw hybu cyfathrachu trwy fod yn oddefol o ffaeleddau bychain. Cydnabyddwn fod yna gyfnodau yn ystod ein perthnasau personol, teuluol, a chymdeithasol pan fydd tymer, anhwylder neu bryder yn ein harwain i wrthdaro yn llym, pan fyddwn yn gwneud ac yn dweud yr hyn sydd atgas. Rhaid arfer goddefgarwch. Ond a ellir bod yn oddefol o droseddau sy'n peri dioddefaint, poen a dinistr? A yw bod yn oddefol yn arwydd o ryw ansicrwydd moesol, neu o ryw ddifrawder ynghylch y da a'r drwg? Ni ellir cymharu goddefgarwch a maddeuant; amod rheidiol maddeuant yw'r gydnabyddiaeth fod tramgwydd wedi ymyrryd ym mywyd yr unigolyn mewn ffordd sy'n peri gofid neu drallod.

Dyma un o'r rhesymau paham y mae rhai athronwyr am bwysleisio fod yn rhaid i faddeuant fod yn amodol ar edifeirwch y troseddwr. Ni ddylid cynnig maddeuant heb gydnabyddiaeth gan y troseddwr o'r drwg a wnaeth, nac ychwaith heb ei edifeirwch am y drwg hwnnw. Yn y cyd-destun hwn, mae'n anodd rhoi ystyr i'r 'rhaid imi faddau iddo'. Pendronaf ynglŷn â rhyw ffurf o adferiad dros amser efallai, ond wrth wynebu'r drwg, yr anghyfiawnder a theimlo effaith y fath ddrygioni ar fy mywyd, ac efallai ar fywyd y rhai sydd agosaf ataf, nid oes i faddeuant unrhyw reidrwydd – hyd yn oed os dengys y troseddwr edifeirwch, a'i fod yn barod i wynebu cosb. Anwahanadwy oddi wrth faddeuant yw'r gydnabyddiaeth fod y dyfodol yn mynd i fod yn wahanol i'r gorffennol; nid yr un yw'r ymddiriedaeth yn y troseddwr, nid yr un yw'r hyder ar ôl y golled. Gwir fod adferiad ac atgyweiriad yn rheidiol i iaith maddeuant, ond ni ellir osgoi'r ffaith fod rhwyg, erys hanes y tramgwydd a'r brad. Dyma'r hyn y cyfeirir ato pan fydd unigolyn yn dweud: 'Gallaf faddau ond ni allaf anghofio'.

I athronydd fel Simone Weil, mae ymhob unigolyn ddyhead unigryw a chynhenid am y da ac am ddaioni.[4] Adferiad, cyfryngiad, y dyhead am gyfiawnder a thangnefedd, am ras a gwirionedd yn ein holl weithredoedd â'n perthnasau dyma'r hyn sy'n nodweddu ein huchelgais, ein dealltwriaeth o'r bywyd da a'r bywyd gwerthfawr. Ond yn gyferbyniol i weledìad Simone Weil yw gweledìad athronydd fel Thomas Hobbes. Mae ef am ddechrau o'r wireb fod pob unigolyn yn edrych ar y byd ac yn ei ddeall o safbwynt ei fodolaeth unigol: o safbwynt ei ddyheadau, chwantau ac anghenion unigryw ei hun. I Hobbes, dyma acsiom na ellir ei amau. Pan fyfyriwn ar y natur ddynol, gallwn amau'n gryf nad oes unrhyw ddyhead cynhenid ynddo am y da. I seciwlarydd fel Hobbes, gosodiad ffydd yw gosodiad Simone Weil; gosodiad ffeithiol yw man cychwyn Hobbes. Iddo ef, y broblem oedd hon: pan fo perthnasau cymdeithasol wedi eu dinistrio (cofiwn fod Hobbes yn wynebu erchyllderau rhyfel cartref yr ail ganrif ar bymtheg – tebyg i'r hyn a welir yn Syria heddiw), sut mae darganfod a chytuno ynghylch ffordd o fyw sy'n cydnabod unigrywiaeth pob unigolyn ond eto yn cadarnhau cyfartaledd rhwng aelodau cymdeithas yn ôl eu gofynion, eu cyfrifoldebau, a'u credoau? Wrth ddechrau felly o'r gosodiad am ein hunanoldeb elfennol, ceisia Hobbes ddod o hyd i adeiladwaith a fydd yn sicrhau sylfaen i bosibilrwydd bywyd dedwydd y gellir ei fyw mewn heddwch a hapusrwydd.

I Hobbes, y prif ddrwg oedd terfyn treisiol ar fywyd unigolyn. Dyma derfyn a all arwain at gynnwrf a therfysg sy'n dileu pob posibilrwydd o fywyd effeithiol o fewn cymdeithas lle gosodir gwerth uchel ar garu rheswm, dysg, athroniaeth, llenyddiaeth, cerddoriaeth, adeiladaeth, mordwyaeth a diwydiant. Ond yr hyn sy'n waeth na phopeth arall i Hobbes, yw'r ofn diderfyn o berygl marwolaeth dreisiol, pan fydd bywyd dynol yn gostwng i fod yn unig, tlawd, ffiaidd, barbaraidd a byr.[5] Yn hytrach na digofaint dinistriol rhwng pobl, rhaid cael cymdeithas a sicrha fywyd dedwydd, helaethus i bob person, lle mae pobl yn cytuno i arddel lles y lliaws. Mae dadansoddiad Hobbes yn *The Leviathan* yn enghraifft o'r ymgais i adeiladu moesoldeb heb gyfeirio at fodolaeth Duw a'r dwyfol, ac felly yn ysgaru posibilrwydd moesoldeb oddi wrth unrhyw gredo grefyddol.

O fewn y dadansoddiad hwn, nid oes llawer o le i ofynion maddeuant. Os oes i bob unigolyn reddf i ddilyn ei chwantau ei hun, yna nid oes lle i gwyno pan fo unigolyn arall yn rhwystro, neu yn ymyrryd â'n dymuniadau ninnau, pan fydd yn boddhau ei chwantau ei hun. Nid wyf am grybwyll yr anawsterau o fewn dadansoddiad Hobbes, ond dyma enghraifft o ddadansoddiad sy'n ymwneud â natur ac effaith troseddu yng nghyswllt cymdeithas o unigolion sydd am fyw y bywyd da a'r bywyd tangnefeddus. Yng nghyd-destun y fath ddadansoddiad, dim ond fel un o'r amodau a sicrha y posibilrwydd o heddwch o fewn cymdeithas y mae i faddeuant unrhyw swyddogaeth. Gwerth pragmatig sydd i faddeuant pan esbonir ef yng nghyswllt gweithrediad effeithiol cymdeithas.

O safbwynt defnyddiolaeth, nid yw'n amlwg fod unrhyw reidrwydd i faddau. Dibynna'r cyfan ar faint o hapusrwydd neu boen y gall pob gweithred neu ddiffyg gweithred ei chreu. Os oes i faddeuant unrhyw werth, gellir ei farnu yng nghyswllt canlyniadau'r maddeuant. Os nad yw'n effeithio ar hapusrwydd y lliaws, nid yw o bwys moesol. Ond os dibynna hapusrwydd y lliaws ar faddeuant, yna dylid maddau. Gwir fod y rheol – gwnaf i eraill fel y dymunaf iddynt hwy ei wneud i mi – yn greiddiol i ddefnyddiolaeth. Ond dyma'r man lle mae canolbwynt maddeuant yn symud o'r unigolyn a'i gyflwr ac yn troi tuag at berthynas yr unigolyn â chymdeithas. Canolir pwysigrwydd gweithredoedd moesol yn gwbl ar ddileu poen, hybu hapusrwydd a sicrhau pleser i gynifer o bobl ag sydd bosibl. O fewn y patrwm hwn, eilbeth yw pleser neu boen yr unigolyn i lwyddiant a lles cymdeithas o unigolion. Nid yw na phleser na phoen yr unigolyn yn wahanadwy oddi wrth bleser a phoen cymdeithas yn ei chyfanrwydd. Mae'r naill yn anwahanadwy oddi wrth y llall. Digon diystyr felly yw'r cwestiwn: 'A oes rhaid maddau i'r person a achosodd gymaint o ddioddefaint i genedl neu bobl?'

Fel y nodwyd yn gynharach, mae maddeuant yn anwahanadwy oddi wrth y cysyniad o drosedd. Cefais fy niweidio, fy anafu neu fe amharwyd arnaf. Dyma pan ddaw y gyfraith i'm hachub; ar unrhyw adeg pan ddinistrir y berthynas rhwng unigolion yng nghwlwm cymdeithas, mae yna ffordd i adfer y berthynas drwy'r broses gyfreithiol. Mae gan bob un, heb eithriad, hawl i gyfiawnder. Dyma'r cyd-destun lle mae'r adferiad ar ôl y drosedd i'w ddiffinio yn ôl cosbedigaeth. Cydnabyddir fod y troseddwr nid yn unig wedi dileu fy hapusrwydd, ond yn bwysicach, ei fod wedi anwybyddu ffiniau sy'n hanfodol i fodolaeth a gweithrediad unigolyn arall. O'm safbwynt i, cafwyd adferiad, mae'r troseddwr yn haeddu'r gosb a ddyfarnwyd gan y barnwr. Pan fo cyfiawnder yn cael ei gyflawni yng nghyswllt y gyfraith, mae hynny fel petai yn diddymu'r rheidrwydd am faddeuant. Mae'r adferiad yng nghyd-destun y gosb wedi ei danlinellu ym mhroses y gyfraith. Yn y cyswllt hwn, a oes 'rhaid imi faddau?'

Dyma'r cyd-destun lle daw nifer o ystyriaethau i'r wyneb. Oherwydd fy sefyllfa, fy ymatebion moesol beunyddiol, efallai mai 'oes' yw fy ymateb. Ond hollol ystyrlon hefyd fyddai'r ateb:

'ni allaf byth faddau iddo, rwy'n gwybod y dylwn faddau, ond ni allaf'. Nid oes cwestiwn yma o ddileu cosb, eto gellir gofyn am faddeuant; maddeuant am y dolur, y loes, y golled, y torcalon: 'Rhaid imi faddau'. Ond onid oes yna rai gweithredoedd sydd mor ysgeler ac erchyll nad oes iddynt faddeuant byth? Onid oes yma ffin lle byddai maddeuant yn foesol wrthun? A phe gallwn i faddau o fewn fy ffiniau moesol i, nid yw hyn yn rhoddi'r hawl imi faddau ar ran rhywun arall, nac ychwaith i farnu fod rhaid i'r person a ddioddefodd y niwed faddau, beth bynnag fo'r drosedd. Un ymateb i hyn yw haeru mai'r troseddwr a faddeuwn ac nid y drosedd ei hun. Erys enbydrwydd y drosedd, er imi faddau i'r person. Ond gellir dadlau nad oes rheidrwydd i faddau hyd yn oed yn y cyswllt hwn. Gallwn ddeall paham nad oes modd maddau, pan fo'r dolur yn aruthrol. Nid yw'r methiant i faddau yn ein harwain i gyhuddo dioddefwr y drychineb o wendid moesol pan ddywed nad yw maddeuant yn bosibl.

Efallai fod yna achos cryfach dros faddeuant os dengys y troseddwr edifeirwch angerddol. Yna, onid oes gan y dioddefwr ddim ond un dewis, sef maddau? Ond os daw yr edifeirwch ar yr awr olaf, oherwydd ofn rhyw feirniadaeth y tu hwnt i'r bedd, efallai na ellir cyhuddo'r un a ddioddefodd y drosedd o fod yn hunanol neu'n anfoesol wrth iddo wrthod maddeuant. Ac os bydd y troseddwr yn ymbil am faddeuant oherwydd iddo, ar ôl amser maith, sylweddoli enbydrwydd y weithred a ffieidd-dra'r drosedd, yna rhan o'r edifeirwch yw'r sylweddoliad o ba mor amhosibl yw maddeuant. Da yw sylwi nad yw'r fath edifeirwch, wrth gwrs, yn ddibynnol ar faddeuant yr un a ddioddefodd y drosedd. Ond os ceir maddeuant, yna dyma gymod wedi ei greu gan ras, trugaredd a thosturi. Deallwn paham y nodweddir maddeuant, yn y cyswllt hwn, fel ymwrthod â'r hunan, gyda'i ymatebion naturiol, hunanamddiffynnol, teimladol; nid yw'n debyg i'r ymateb: 'rwy'n maddau i ti, ond paid ti byth anghofio fy mod i wedi maddau i ti!' Yn y cyswllt hwn, pan estynnir maddeuant yn gweithred o ras a thrugaredd, byddai sôn am 'reidrwydd' maddeuant yn ddiystyr.

Felly deuwn ar draws yr hyn sy'n ystyrlon ynghylch y cysyniad o faddeuant oddi mewn i fframwaith rhyngweithiad moesol. Dyma rai agweddau ar bosibilrwydd a dilysrwydd iaith maddeuant. Ond erys yr anhawster fod posibilrwydd maddeuant yn amodol ar fyrdd o gyflyrau. Hyd yn oed pan erfynia'r troseddwr am faddeuant, gan ddangos gwir edifeirwch, nid yw hyn yn creu dyletswydd foesol i faddau iddo. Mae'n hollol amodol ar amgylchiadau a natur y person y troseddwyd yn ei erbyn, ar effeithiau'r drosedd, ac ar ddiffuantrwydd yr edifeirwch. Wrth nodi'r cyweiriau hyn, rhaid cydnabod, felly, fesur o gytundeb â'r awgrym mai cysyniad moesol yw maddeuant sy'n gweithredu yng nghyswllt ein bywyd moesol, cymdeithasol, diwylliannol yn ei holl amrywiaeth, ei wendidau a'i ogoniant.

Ond os cytunwn â'r casgliad hwn, cawn ein cyhuddo o ragdybiaeth, o ragnodi ffiniau rhesymegol y cysyniad o faddeuant. Oherwydd mae yna agweddau eraill i faddeuant nad yw'r dadansoddiad uchod wedi eu crybwyll. Hyd yn hyn, gosodais bwyslais ar ffiniau a berthyn i'r posibilrwydd o roi maddeuant. Ond cymhleth hefyd yw'r cysyniad o ddeisyf maddeuant, erfyn am faddeuant a chael maddeuant. Gwelsom ar y naill llaw, nad oes i'r cysyniad o roi maddeuant lawer o swyddogaeth o fewn rhai cyd-destunau moesol. Ar y llaw arall, mae'r cysyniad o erfyn am faddeuant, o weddïo am faddeuant, ag iddo gyd-destun cyfoethog, eang, sef ein traddodiad emynyddol unigryw. Dyma iaith maddeuant yn ei helaethrwydd, yn llawn egni a delweddau wedi ei sylfaenu ar drosiadau a chyffelybiaethau cyfarwydd ac egnïol.

Ond nid yw gofyn am faddeuant yn unigryw i'r traddodiad Cristnogol. Yn y traddodiad Iddewig, yn y Tefila Zaka a adroddir cyn Dydd y Cymod, gofynnir i Dduw am drugaredd: 'Dyro imi ras, tosturi, a thrugaredd yn dy olwg ac yng ngolwg pob unigolyn. Oherwydd gweler fy mod yn maddau gyda maddeuant terfynol a phenderfynol, i unrhyw un sydd wedi fy niweidio boed hynny mewn person neu eiddo, hyd yn oed os yw wedi fy athrodi [slandered] a thaenu celwyddau amdanaf… maddeuaf yn hollol a therfynol. Na chosber unrhyw un o'm hachos i. Ac fel yr wyf fi yn maddau i bob un, a wnei Di ganiatáu i mi ras yng ngolwg eraill, fel y maddeuant hwythau i mi hefyd yn ddiamod'.

Yng nghrefydd yr Hindŵ hefyd, mae maddeuant yn ganolog. Yn y byd hwn, pa beth na ellir ei gyflawni gan faddeuant? Pa beth all unrhyw berson drwg ei wneud i'r un sy'n cludo sabr maddeuant yn ei law? Mae maddeuant yn darostwng popeth yn y byd. I Krishna, maddeuant yw prif nodwedd yr un sydd wedi ei eni i'r statws dwyfol. Balchder, hunan-dyb a dicter a berthyn i'r demonaidd. I'r Jainiaid, wrth gwrs, mae maddeuant yn ymestyn ymhellach fyth – un o'u gweddïau yw: 'rwy'n erfyn maddeuant gan bob creadur a phlanhigyn a gafodd ei niweidio yng nghwrs fy mywyd beunyddiol. O gyffesu, dyro imi faddeuant am yr holl bechodau a gyflawnais, unrhyw le, unrhyw amser yn y byd'.

O fewn Cristnogaeth, mae maddeuant yn anwahanadwy oddi wrth gariad Duw. Posibilrwydd maddeuant, gogoniant maddeuant, maddeuant a gras, maddeuant a thosturi, maddeuant a thrugaredd – maent i gyd yn rhyngweithio â'i gilydd. Yn y traddodiad hwn, mae i faddeuant wead gramadegol wahanol i wead maddeuant yn y cyswllt moesol. Dyma gyd-destun lle mae maddeuant yn gweithredu, nid yn unig rhwng unigolion o fewn perthnasau cymdeithasol moesol, ond yn y berthynas lle mae'r dynol, o ran ei natur, yn dod yn erbyn sancteiddrwydd a'r da sydd goruwch yr hyn sy'n naturiol o fewn cymdeithasol foesol. Dyma'r cyswllt lle mae pechod a phrynedigaeth, iachawdwriaeth a chyfryngdod rhwng y dynol a'r dwyfol, yn anwahanadwy oddi wrth seiliau ffydd sy'n effeithio ar bob elfen o sut mae'r credadun yn gweithredu yn y byd: 'Cerwch eich gelynion, gwnewch dda i'r rhai a'ch casânt. Bendithiwch y rhai a'ch melltithiant a gweddïwch dros y rhai a'ch drygant. Ac i'r hwn a'th drawo ar y naill gern, cynnig y llall hefyd. A dyro i bob un a geisio gennyt; a chan y neb a fyddo yn dwyn yr eiddot, na chais eilchwyl'. Ac yna fe ddilyn: 'fel y mynnech wneuthur o ddynion i chwi, gwnewch chwithau iddynt yr un ffunud', ac yn yr un bennod yn Luc: 'byddwch gan hynny drugarogion… maddeuwch, a maddeuir i chwithau'.[6] Dyma gyswllt, felly, lle y deuwn ar draws maddeuant sydd wrth ei natur yn ddiamodol, rheidiol a gorchmynnol. Byddwch drugarog, cerwch eich gelynion, bendithiwch y rhai a'ch melltithiant: nid annelwig, ansicr, neu amhendant y gofynion hyn. Fel y gorchymyn i garu fy nghymydog fel fi fy hun, fe ddilyn y gorchymyn i faddau troseddau fy nghymydog yn ddiamodol.

Ond sut gallwn ni wneud synnwyr o'r cariad a orchmynnir ac o faddeuant diamod? Onid yw cariad yn ddigymell, yn tarddu o deimladau a serch? Oes yna synnwyr i'r gorchymyn i faddau, a'r gorchymyn i garu? Onid yng nghyswllt y drosedd ac edifeirwch y troseddwr yr arddangosir nodweddion maddeuant, yn hytrach nag yng nghyswllt gorfodaeth, a all fod yn ffurf o ragrith, neu hunan-dwyll? 'Rhaid imi ei garu' – efallai na allaf ei oddef, nid wyf am fod yn ei gwmni, nid wyf am ei weld, ac eto i'w 'garu'? 'Rhaid imi faddau iddo' er bod pob teimlad yn atgas tuag ato?

Yn ei ddadansoddiad gwych, *The Works of Love*,[7] dengys Kierkegaard sut y mae y cariad a orchmynnir, y cariad diamodol, yn hollol wahanol yn ei natur i gariad seciwlar, bydol. Gwna Kierkegaard gyferbyniadau arbennig sy'n datguddio gwahaniaethau pwysig rhwng mathau o gariad a maddeuant. Rhan o'i ddull dadansoddiadol yw tynnu ein sylw at dri chyferbyniad: y cyntaf yw'r un rhwng cyfnewidiaeth ac anghyfnewidiaeth, yr ail yw'r cyferbyniad rhwng yr amodol ar diamodol, a'r trydydd yw'r cyferbyniad rhwng yr hyn a berthyn i amser ar hyn a berthyn i'r tragwyddol. Wrth ddefnyddio'r cyferbyniadau hyn, gwêl Kierkegaard y gwahaniaethau pwysig yn ein cysyniadau.

Yn wrthgyferbyniol i gariad seciwlar, mae'r gorchymyn i garu wedi ei sicrhau yn erbyn unrhyw newidiaeth, amod ac amser. Mae i gariad seciwlar y posibilrwydd iddo newid dros amser i rywbeth arall – pan dry cariad yn atgasedd a chenfigen. Ond am gariad sydd wedi ei drawsffurfio gan y tragwyddol i fod yn ddyletswydd, nid yw'n profi cenfigen: nid yw'n caru fel y mae'n cael ei garu – mae'n caru. Mae cariad seciwlar, digymell yn aml yn colli ei angerdd, ei lawenydd, ei awydd, ei nerth gwreiddiol, ei hoywder bywiol. Ond nid yw cariad tragwyddol yn sefyll na syrthio pan fydd yna wahaniaethau yn natur yr hon sydd i'w charu: 'When a lover has lost his beloved, then he seeks consolation – but whatever the neighbour does, whatever he is, the believer can never lose his neighbour. No change can take your neighbour from you, it is your love that holds the neighbour fast'.[8]

Mae'r cariad sy'n ddibynnol ar wrthrych y cariad weithiau yn coleddu meddyliau afiach, cenfigen, pryder ac anobaith, ond mae'r cariad a orchmynnir, y cariad sydd wedi ei gyfnewid gan y tragwyddol, o angenrheidrwydd yn atal y fath amrywiaeth, y fath bosibilrwydd o newidiaeth. Unigrywiaeth y cariad a orchmynnir, ynghyd â'r maddeuant a ddaw yn ei sgil, yw eu bod yn hollol ddiamodol; o angenrheidrwydd deil perthynas gyson, heb fyth eithriad, a heb dreiglad teimladau. Dyma'r maddeuant nad yw'n hawlio edifeirwch nac atgno. Dyma'r maddeuant nad yw'n galw am gyfiawnhad moesol.

Ond beth am y cwestiwn, 'I bwy y maddeuaf?', 'Pwy yw fy nghymydog?' Eto yng ngwaith Kierkegaard, fe welwn ei gyferbyniad rhwng newidiaeth a digyfnewidaeth, rhwng amodaeth a diamodaeth: 'If in the context of Chrisitian love one wishes to make an exception of a single person whom one does not want to love [or forgive], such love [and forgiveness] is... decidedly not Christian love'.[9] Felly i'r cwestiwn, 'Pwy yw fy ngymydog', nid oes eisiau ymholiad trylwyr, nid oes unrhyw betruster, amheuaeth, na rhesymoliad. Y person cyntaf a gwrddaf pan af allan drwy'r drws yw fy nghymydog. Nid oes le i unrhyw gamsyniad. Nid dyma'r lle i hoffterau, cyfeillgarwch neu gariad dwyochrog sy'n paratoi cyflyrau rhwydd i faddeuant. Ond mae maddeuant diamod, sydd wedi ei gyfnewid gan y tragwyddol, yn golygu ymwrthod â'n nheimladau fy hun, fy nicter a'm llid, fy awydd am ddialedd a thalu'r pwyth yn ôl neu fy mhoen ar deimlo amarch.

Dyma'r hyn sy'n ddealladwy felly, pan ddeuwn ar draws orchmynion i anwybyddu malais gan beidio ag ymateb iddo, i ad-dalu drwg â daioni, i garu gelynion ac i weddïo am y rhai sy'n ein herlid. Dyma orchmynion sy'n cymhlethu perthnasau rhwng unigolion. Mae'r maddeuant sydd i'w ymarfer, fel tosturi, yn ymestyn y tu hwnt i'r lefel bersonol, y tu hwnt i deimladau o ddicter a llid, y tu hwnt i unrhyw ffurf o hunanamddiffyniad, hyd yn oed y tu hwnt i unrhyw deimlad dwfn o ddioddefaint, cystudd a thrasiedi.

Efallai y gofynnir: 'A yw'r fath faddeuant yn bosibl?' A phan fyfyriwn ar y natur ddynol, ar ganolrwydd yr hunan a'r llu o rithiau a all amgylchu'r hunan, hyd yn oed hunan y person 'duwiol', digon rhwydd yw ateb: 'Na, amhosibl yw'r fath faddeuant diamodol'. Ond nid yw'r casgliad hwn yn negyddu'r syniad o faddeuant diamodol, nac ychwaith yn diddymu ei swyddogaeth, ei rym, a'i effaith ar y credadun sy'n ceisio parhau â'u pererindod yn y byd presennol. Nid yw'n orchymyn sy'n gwneud bywyd yr unigolyn yn haws neu'n fwy cyfforddus. Yn hytrach, oherwydd ein dynoliaeth, efallai mai dim ond teimladau o anobaith, o fod yn ddiymadferth a gwan, a ddilyn. Ond nid yw hyn yn gwneud y syniad o faddeuant diamodol yn annealladwy. Wrth ei ganfod yng nghyswllt y berthynas rhwng Duw a'r unigolyn, yng nghyswllt y syniad o bechod cyntefig a'r pellter rhwng daioni dynol a sancteiddrwydd y dwyfol, dechreuwn ddeall yr amodau sy'n sicrhau synnwyr y syniad o faddeuant diamodol.

Ond mae un cyd-destun i'r cysyniad o faddeuant sydd yn datguddio diamodaeth maddeuant, ond heb gyfeirio at unrhyw gredoau crefyddol, fel y cyfryw. Yng nghyd-destun y cysyniad o faddeuant, ni ellir anwybyddu posibilrwydd arall, sef yr ymadrodd: 'Ni allaf ddim ond ei faddau'. Os ydym am sôn am reidrwydd maddeuant yn y cyswllt hwn, ni allwn wneud hynny heb sôn am gariad. Mae i gariad gysylltiad unigryw â maddeuant. Nid oes dewis, rhaid maddau – ond nid am fod unrhyw reol foesol neu ystyriaeth gymdeithasol ('A yw yn euog?' neu 'Mae'n haeddu cael ei gosbi') yn ystyrlon yn y cyswllt hwn – fel yn achos y fam sy'n maddau i'w mab, 'er iddo…'. Dyma'r man lle mae'r ymadrodd 'cariad diamodol' yn ystyrlon o fewn ein bywyd personol a theuluol. Mae gwahaniaethau pwysig rhwng y diamodaeth hwn – un sy'n ystyrlon yng nghyswllt teimladau dwfn, uniongyrchol, cyntefig, a'r llall sy'n ystyrlon oddi mewn i fframwaith o gredoau ynghylch Duw a'r dwyfol. Ond pwysig hefyd yw'r ffordd mae ein hymwybyddiaeth o'r gwahanol fathau o ddiamodaeth yn treiglo yn ddisymwth ar adegau rhwng y naill a'r llall. Efallai ei bod yn haws, neu yn fwy cyfarwydd, i ddeall cariad fel un y fam am ei mab, neu pan ddywed rhywun ar ôl peryglu ei fywyd i achub plentyn o dŷ ar dân, 'nid oedd dim arall y gallwn ei wneud', nag yw i ddeall bendithio'r gelyn, neu maddau i'r llofrudd. Ond nid yw ein hadnabyddiaeth o synnwyr y naill, yn ein galluogi, fel athronwyr, i leihau na negyddu synnwyr y llall.

Ond ym mha gyd-destun bynnag, mae afreidrwydd maddeuant yn galw am nerth goruwchnaturiol. Dyma paham yng nghrefydd yr Hindŵ, y deuwn ar draws y syniad o faddeuant fel cleddyf yn erbyn pob profiad o ddrwg yn ein herbyn. Y gallu i faddau sy'n ein hamddiffyn rhag cael ein dinistrio gan y drwg a ddigwydd inni. Dim ond y person nerthol all faddau; nid ildio i wendid yw posibilrwydd maddeuant. Maddeuant sydd ym meddiant y rhai sy'n gallu gadael y gorffennol ar ôl, sy'n gallu ymwrthod â theimladau o golled a thrais, sy'n credu mai perthnasau wedi eu seilio ar garedigrwydd, haelioni, tosturi a pharch a sicrha fywyd dedwydd a thangnefeddus. Dyma'r fan lle nad oes rhaid sôn am haeddiant, nac edifeirwch. Anrheg trugaredd, ymddangosiad gras a ffrwyth cariad yw maddeuant – i ba un bynnag, ffrind neu elyn.

Gwrthodaf felly, ar seiliau dadansoddiadol, roi blaenoriaeth i unrhyw un math o gysyniad o faddeuant. Dymunaf yn hytrach ddeall eu gwead a'u gwahaniaethau. Gwrthodaf hefyd ddefnyddio termau fel moesoldeb seciwlar a moesoldeb crefyddol gan fod hyn yn ein camarwain i feddwl fod ffiniau pendant i'r fath 'foesoldebau'. O fewn y dymuniad i geisio deall ystyr, 'Rhaid imi faddau', fe welsom wahaniaethau rhwng gofyniadau am faddeuant, a rhwng cyflyrau o'r fath ofyniadau. Daethom ar draws y gorchymyn i faddau, ond lle'r oedd yr anawsterau i gyflawni'r fath orchymyn mor gymhleth ac anodd â'r rheini pan wynebwn reidrwydd trugaredd a maddeuant fel gofynion moesol absoliwt. Wrth aros ymysg y manylion, deuwn i ddeall fod rhengoedd o gysylltiadau rhwng ein hagweddau tuag at ein cyd-ddyn, wedi eu gwreiddio yn ddigymell ac anfwriadol (aneglur a mympwyol yw'r term 'naturiol' yma) yn ein hyfforddiant a'n bywyd cymdeithasol a diwylliannol. O fewn ein bywyd, mae yna gryn dipyn o wrthdaro rhwng yr hyn a gredwn a'r hyn a wnawn, ond yn feunyddiol bydd ffydd, gobaith a chariad yn ein hymestyn tuag at yr hyn a ddatguddir inni fel y bywyd da.

Nodiadau

1 MacQuarrie, J. gol. (1967) *A Dictionary of Christian Ethics*. Llundain: SCM.

2 Kolnai, A. (1973/4) *Aristotelian Society Proceedings* 72.

3 Minas, A. (1975) *Philosophical Quarterly* 25.

4 Gweler ei thrafodaethau yn *Gravity and Grace*, *The Notebooks*.

5 Hobbes, R. (1651) *Leviathan*. Golygwyd gan R.Tuck. Ailargraffiad, Caergrawnt: Cambridge University Press 1996. XIII, 9.

6 Luc, pennod VI.

7 Kierkegaard, S. (1847) *The Works of Love*. Cyfieithwyd gan H. & F. Hong (1962). Llundain: Collins.

8 Ibid., t. 76. Pwysleisiaf mai dim ond cyfeiriadau bras y gallaf eu defnyddio yma. Rhaid darllen dadansoddiad dwys Kierkegaard er mwyn deall ei ddyfnder a'i gyrhaeddiad.

9 Ibid., t. 77.

Esgusodi Twyll?

Cyffuriau gwella perfformiad a dibyniaeth

Carwyn Jones

Cyflwyniad

FEL RHEOL MAE ATHLETWYR sy'n cael eu dal yn twyllo wrth ddefnyddio cyffuriau gwella perfformiad yn cael eu condemnio'n llym. Wrth gynllwynio i dwyllo ac i gamarwain, maent yn amlygu gwendidau fel bod yn llwgr a thwyllodrus, sy'n nodweddiadol o gymeriad gwallus. Credir bod ymddygiad o'r fath yn deilwng o gerydd a chosb. Ond awgryma D'Angelo a Tamburrini (2010) y dylid edrych ar yr ymddygiad, ac felly ar gymeriad, athletwyr sy'n defnyddio cyffuriau o safbwynt gwahanol. Credant fod sail i ddadlau bod defnydd o gyffuriau gwella perfformiad ymysg athletwyr yn broblem iechyd, a dylid trin y rhai sy'n defnyddio cyffuriau yn fwy tebyg i gleifion na throseddwyr. Goblygiad eu cred yw na ddylid cosbi'r athletwyr hyn yn llym oherwydd eu bod yn dioddef o salwch dibyniaeth neu mewn perygl o ddatblygu dibyniaeth i'r cyffuriau y maent yn eu defnyddio. Gan fod diffyg, neu ddim rheolaeth, ganddynt dros eu salwch, mae cosb yn anaddas ar y naill law ac yn aneffeithiol ar y llall. Mae'r casgliad hwn yn ddadleuol a chymhleth a gallwn ddadansoddi nifer o elfennau ffeithiol ac athronyddol y ddadl. Er enghraifft, a oes sail i gredu fod defnyddwyr cyffuriau ym myd y campau yn gaeth, neu mewn perygl o fod yn gaeth? Y bwriad yma, fodd bynnag, yw dadansoddi'r gosodiad bod ymddygiad gyriadol yr adict yn symptom o salwch tu hwnt i reolaeth yr unigolyn ac felly yn esgusodi ymddygiad anfoesol neu anghyfreithlon (defnyddio cyffuriau).

Cyfrifoldeb

Yn ôl Honderich (2006) mae'n gyfiawn beio neu gosbi os yw'r troseddwr yn ei haeddu. Mae hynny yn amodol ar ddwy ffactor. Y gyntaf yw presenoldeb trosedd (ar gyfer bwriad yr erthygl hon derbynnir bod y defnydd o gyffuriau gwella perfformiad yn enghraifft o drosedd). Yr ail amod yw fod y troseddwr wedi ymddwyn o'i wirfodd gyda'r rhyddid i wneud hynny. Mae'n bwysig, felly, i wahaniaethu rhwng ymddygiad gwirfoddol ac ymddygiad anwirfoddol, oherwydd yn ôl Aristoteles nid yw'n ddilys beio na chosbi'r ail. Ceisiodd Aristoteles amlinellu dwy nodwedd o ymddygiad gwirfoddol. Y cyntaf yw absenoldeb unrhyw rym allanol sy'n gorfodi'r unigolyn i weithredu yn erbyn ei ewyllys (er enghraifft, gwynt cryf yn chwythu cwch at y creigiau er gwaethaf ymdrech y capten i'w lywio i gyfeiriad arall). O dan amgylchiadau fel hyn, nid yw'r unigolyn yn *gweithredu* o gwbl; gwrthrych gweithred ydyw. Yr ail nodwedd yw gwybodaeth yr unigolyn am statws y weithred. Os yw unigolyn yn prynu nwyddau, heb wybod fod y nwyddau wedi eu dwyn, gall yn rhesymol wadu cyfrifoldeb ar sail ei anwybodaeth. Nid oedd wedi prynu'r nwyddau mewn amgylchiadau amheus, ac yr oedd yn edifar ganddo pan ddaeth gwybodaeth am wir statws y nwyddau i law. Er bod rheolau gwrthgyffuriau yn golygu atebolrwydd caeth (strict liability), mae nifer o droseddwyr yn ceisio amddiffyn eu hunain (ac felly'n gwadu cyfrifoldeb) drwy hawlio nad oeddynt wedi cymryd y cyffuriau o'u gwirfodd (rhywun arall a oedd wedi cyflwyno'r cyffuriau i'w corff heb iddynt wybod), neu drwy hawlio anwybodaeth o ryw fath (heb wybod fod sylwedd 'A' yn anghyfreithlon neu yn cynnwys sylwedd anghyfreithlon). Sail dadl D'Angelo a Tamburrini (2010), fodd bynnag, yw fod rhyddid unigolion sy'n defnyddio cyffuriau yn cael ei danseilio yn ddifrifol, ac efallai yn angheuol, gan effaith grym eu harchwaeth am y cyffur. A oes sail i gredu fod cyffuriau yn cael effaith yriadol fel hyn ar y rhai sy'n eu defnyddio? Mae'n weddol amlwg nad pawb all hawlio fod cyffuriau yn cael yr effaith hon arnynt. Mae canran sylweddol o bobl yn defnyddio cyffuriau (gan gynnwys alcohol) yn achlysurol heb brofi gorfodaeth. Nid oes modd cyffredinoli, felly, fod pawb sy'n defnyddio cyffuriau yn ymddwyn yn erbyn eu gwirfodd. Mae yna grŵp o bobl, fodd bynnag, sy'n cael anawsterau mawr gyda chyffuriau, ac yn ymddangos yn analluog i ymwrthod: fe'u gelwir hwy yn adictiaid. Efallai fod unigolion o'r fath yn bodoli ym myd chwaraeon, ac yn sicr roedd y beiciwr Marco Pantani yn amlygu ymddygiad dibynnol.

Dibyniaeth ac ymddygiad gyriadol

Ar yr olwg gyntaf os yw dibyniaeth yn peri i unigolion golli rheolaeth dros eu hymddygiad ac yn cael eu gyrru i ddefnyddio cyffuriau yn erbyn eu gwirfodd, dylid edrych yn ofalus ar ein triniaeth o'r unigolion hynny. Gosodaf o'r neilltu y broblem bwysig a chymhleth o sut mae gwneud diagnosis o ddibyniaeth, gan ganolbwyntio ar y cwestiwn athronyddol neu foesegol sef, a yw ymddygiad dibynnol yn enghraifft o ymddygiad anwirfoddol (ac felly yn anhaeddiannol o gosb a dirmyg). Cred D'Angelo a Tamburrini (2010: 700), fel eraill, fod diffyg neu ddim rheolaeth yn wyneb cyffur yn nodweddiadol o ddibyniaeth. Wrth wraidd y gred hon mae'r cysyniad o ddibyniaeth fel math o salwch. Yn ôl Foddy (2010), mae dibyniaeth wedi ei gategoreiddio yn salwch ers iddo ymddangos yn yr ail adolygiad o'r llawlyfr DSM yn 1968, ac yn dilyn ymchwil a datblygiadau niwrowyddonol, mae Sefydliad Iechyd y Byd yn diffinio dibyniaeth yn afiechyd niwrofiolegol. Goblygiad pwysig trin dibyniaeth fel salwch yw ei fod yn gyflwr corfforol na ellir ei wared drwy rym ewyllys (Parsons 1951). Yn ddiweddar mae nifer o niwrowyddonwyr wedi ceisio canfod y mecanwaith penodol sy'n gyfrifol am ymddygiad gyriadol adict. Cred rhai bod mecanweithiau'r ymennydd (prosesau, cylchedau, cynhyrchiad dopamine) adict yn wahanol i ymennydd arferol o ganlyniad i ffactorau genetegol, amgylcheddol a/neu seicolegol. Cred eraill fod y cyffuriau a ddefnyddir gan adict yn newid mecanwaith yr ymennydd, gan leihau effeithiolrwydd y systemau perthnasol i wrthod yr awydd i'w defnyddio. Defnyddir yr wybodaeth a'r 'ffeithiau' hyn gan rai yn dystiolaeth uniongyrchol fod yr adict yn ddi-bŵer ac yn ymddwyn yn anwirfoddol. Mae'r berthynas rhwng yr ymennydd â'r meddwl (dewisiaeth) wedi peri sialens i athronwyr ar hyd yr oesoedd. Cred rhai nad yw dewisiaeth neu ewyllys rhydd yn gydnaws gydag esboniad materol o'r ymennydd yn sail i'r meddwl (incompatibalist). Iddynt hwy, gan fod y meddwl yn faterol, mae ei holl brosesau dan reolaeth natur, ac felly nid oes gennym ddewis mewn gwirionedd. Cred eraill (compatibalists), fodd bynnag, ei fod yn bosibl derbyn materoldeb yr ymennydd ac arddel cred mewn ymddygiad rhydd. Ceisiaf ochrgamu'r ddadl hon a chanolbwyntio yn uniongyrchol ar oblygiadau'r ymchwil ar ymennydd yr adict.

Er gwaethaf darganfyddiadau niwrolegol sy'n awgrymu sail fecanyddol/ffisiolegol i ymddygiad gyriadol, mae rhai athronwyr a seicolegwyr yn gwrthod derbyn bod y mecanwaith lefel ymennydd hwn yn dystiolaeth o ymddygiad gyriadol. Efallai fod yna gydberthynas ond, yn sicr, does dim tystiolaeth o broses achosol (Heyman 2013: 3). Mae eraill (Foddy 2010, a Levy 2010) yn amau hynny hefyd. Nid yw ymddygiad adict yn cydlynu gyda'r dystiolaeth niwrowyddonol, gan fod yr adict yn gallu gwrthsefyll yr ysfa i ddefnyddio cyffur, ac yn llwyddo i wneud hynny'n aml, yn enwedig os oes rheswm cryf. Yn ei hunangofiant, *Addicted* (1998) mae Tony Adams, y cyn bêl-droediwr, a oedd yn gaeth i alcohol, yn adrodd ei fod yn gallu gwrthsefyll temtasiwn alcohol am gyfnodau hir (megis wrth baratoi ar gyfer Cwpan y Byd) ac fel nifer o adictiaid eraill, fe roddodd y gorau i yfed yn gyfan gwbl yn y diwedd. Yn wir, yn ôl Heyman (2013) mae'r rhan fwyaf o adictiaid yn 'tyfu allan' o'r cyflwr heb unrhyw ymyrraeth allanol neu driniaeth. Mae'r amheuwyr, felly, yn dod i'r casgliad na all ymddygiad adict fod yn yriadol (ac felly, o ganlyniad, yn anwirfoddol) yn yr ystyr na ellir ei reoli. Mae'r cyferbyniad gydag ymddygiad unigolion sy'n dioddef o Syndrom Tourette yn amlygu'r pwynt. Yn yr enghraifft yna, credir bod y symudiadau anwirfoddol [*sic*] y tu hwnt i reolaeth y dioddefwr a thu hwnt i rym ei ewyllys. Er gwaethaf nifer o enghreifftiau o adictiaid sy'n methu dileu eu harferiad, awgrym ysgolheigion megis Foddy a Savulescu (2006) yw bod penderfyniad yr adict i ddefnyddio cyffuriau yn benderfyniad ymreolaethol i gyflawni awydd archwaeth. Nid hawdd felly yw dod i'r casgliad fod awch yr adict yn ymddygiad gyriadol sydd y tu hwnt i'w reolaeth (gan ei fod yn ganlyniad prosesau niwroffisiolegol diffygiol). Nid yw'n ddiogel dod i'r canlyniad, felly, fod ymddygiad adict (o leiaf ar sail tystiolaeth niwrowyddonol) yn ymddygiad anwirfoddol a di-fai.

Roedd y farn bod ymddygiad yr adict yn annormal yn un a goleddid cyn y datblygiadau diweddar mewn niwrowyddoniaeth, ond fe'i hatgyfnerthwyd gan y datblygiadau hynny. Mae hefyd yn safbwynt amlwg ymhlith adictiaid a gweithwyr iechyd proffesiynol (mae'r gair ei hun yn awgrymu unigolion sy'n defnyddio cyffuriau mewn ffyrdd sy'n eithafol ac yn analluog i reoli eu defnydd). Mae'r diwydiant iechyd yn paratoi triniaeth seicolegol ar gyfer y cyflwr gyda'r bwriad o geisio cael yr adict i newid patrwm ymddygiad niweidiol. Yr awgrym, felly, yw bod adictiaid angen cymorth i newid. Nid yw'r adnoddau ganddynt i ymwrthod. Credir bod y rhan fwyaf (neu rai o leiaf) o adictiaid â'r bwriad o ymwrthod, ond yn ymddwyn yn groes i'w hegwyddorion, cymhellion, a'u bwriadau. Nid yw'r fath ymddygiad, fodd bynnag, yn gyfyngedig i adictiaid. Mae'r profiad yn gyffredin iawn o fod yn argyhoeddedig ein bod am ddewis ymddygiad 'A' ond yn ymddwyn fel 'B' (dim am fwyta'r siocled gan ein bod yn dymuno colli pwysau, ond er gwaethaf yr argyhoeddiad, yn bwyta'r siocled). Un ffordd amlwg o ddisgrifio'r ffenomenon yw cyfeirio at ewyllys, neu ddiffyg pŵer ewyllys. Roedd Frankfurt (1971) yn argyhoeddedig nad oedd gan adictiaid ewyllys rhydd mewn perthynas â'r ysfa i ddefnyddio cyffur. Yn ôl Frankfurt, mae'n nodweddiadol o unigolyn fod ganddynt ddymuniadau blaenaf (first-order desires) a dymuniadau eilaidd (second order desires). Efallai bod gennyf ddymuniad i yfed gwydred o win coch, ond mae gennyf hefyd ddymuniad i fod yn iach ac i leihau faint o alcohol y byddaf yn ei yfed (dymuniadau blaenaf). Efallai, hefyd, ein bod ni'n dymuno mai'r dymuniad cyntaf i fod yn iach yw'r dymuniad sy'n goroesi (eilaidd). Mae ein hewyllys yn rhydd yn ôl Frankfurt i'r graddau ein bod yn gallu gweithredu ar y dymuniadau rydym yn dymuno eu cael. Yn yr enghraifft uchod mae gennym ewyllys rhydd os ydym yn gallu gweithredu i gyflawni ein dymuniad i fod yn iach. Credodd Frankfurt (1971) fod adictiaid yn ddi-bŵer gan eu bod yn gweithredu ar ddymuniadau neu archwaeth yr hoffent beidio eu profi ond yn analluog i beidio[1]. Fel y soniwyd uchod, mae pawb, i ryw raddau, yn profi dilema dymuniadau sy'n cystadlu â'i gilydd, ond mae disgwyl i ni allu gwrthsefyll temtasiwn ac yn aml cawn ein beio a'n cosbi am fethu. Mae methiant yr adict i wrthod temtasiwn ac i reoli ei ymddygiad yn achosi penbleth, oherwydd mae goblygiadau diffyg rheolaeth yn sylweddol (mae adictiaid yn marw o ganlyniad i beidio ymwrthod). Mae'r adict i'w weld yn fyddar i apêl resymegol ac emosiynol. Siawns mai diffyg ymatebolrwydd adict yn wyneb tystiolaeth o niwed a arweiniodd at labelu'r adict yn wahanol i bawb arall.

Diffyg hunanreolaeth

Fe drafodwyd uchod a chodwyd amheuaeth am y syniad bod archwaeth yr adict y tu hwnt i'w reolaeth ar sail nam mecanwaith yr ymennydd, ond gellir trafod cyfrifoldeb adict dros ei ymddygiad ar lefel seicolegol ac athronyddol. Mae Levy (2010) yn dadansoddi'r cysyniad o fethiant i weithredu yn ôl ein dymuniadau. Yn ôl Levy, mae dwy ffynhonnell bosibl i fethiant sy'n debyg iawn i'r rhai a amlinellwyd gan Aristoteles uchod. Y cyntaf yw methiant ymatebol, a'r ail yw methiant adweitheddol. Mae unigolyn yn ymatebol i resymau dros weithredu os yw yn cydnabod y rheswm fel rheswm ar lefel dealltwriaeth (gallu neu nodwedd wybyddol). Mae gan y rheswm bŵer i ddarbwyllo unigolyn. Gall person wrthod cydnabod rheswm dros beidio ysmygu neu fwyta gormod o fraster anifeiliaid (drwy'i ddiystyru efallai, neu drwy wadu tystiolaeth am y niwed) ac felly ni fydd y rheswm yn ei ddarbwyllo i newid. Rhaid i'r rheswm wneud argraff fel rheswm da os yw am ddylanwadu ar gymhelliant. Mae methiant adweithiol yn cyfeirio at y gallu i ymateb i resymau ar ôl cael ein darbwyllo, sef gallu affeithiol neu'r ysgogiad i weithredu – ein hunanreolaeth neu rym ewyllys. Mae'r rhan fwyaf o ysmygwyr yn cydnabod bod rheswm teilwng dros roi'r gorau i ysmygu, ond yn methu gweithredu. Diffyg adnoddau ymatebol (hunanreolaeth) sy'n cael y bai am ymddygiad fel hyn fel arfer ac mae'r diwydiant iechyd yn parhau i gredu mai diffyg grym ewyllys sydd ar fai. Mae grym ewyllys neu hunanreolaeth yn ffenomenon gymhleth ac annibynadwy. Fel y gwelwyd yn barod mae yna dystiolaeth fod adictiaid, fel pawb arall, yn gallu tynnu ar adnoddau hunanreolaeth o dan rhai amgylchiadau os y mynnant. Ta waeth, mae ymlyniad cryf i'r portread o'r adict fel un sy'n methu ymddwyn yn ôl ei wir ddymuniad oherwydd diffyg hunanreolaeth. Mae'r archwaeth yn rhy gryf ac mae hunanreolaeth yn methu.

Hyd yn hyn ni chwestiynwyd y gred fod adict yn ymddwyn yn erbyn neu yn groes i'w ddymuniad (dewis). Mae Flanagan (2010: 273), athronydd ac adict sy'n gwella, yn adrodd o brofiad fod: 'adict yn datblygu angen am rywbeth nad yw, mewn ffordd, ei eisiau', angen nad yw yn un gwirioneddol (inauthentic). Mae'r adict yn mynnu nad oedd eisiau defnyddio cyffur, ond eto yn gwneud, efallai i gyfeiliant esgus na allai reoli ei ymddygiad. Mae Foddy a Savulescu (2006) yn mynnu fod sail dros amau'r gred fod y dymuniad i ymwrthod yn wir ddymuniad a'r dymuniad i ddefnyddio heb fod yn wir ddymuniad ymysg adictiaid. Mae yna anghytuno yma felly prun ai diffyg hunanreolaeth sy'n gyfrifol, neu'r ffaith fod yr adict sy'n defnyddio yn gweithredu yn unol â'i ddymuniad ar y pryd. Hynny yw, pan fo adict yn defnyddio cyffur, mae wedi gwneud penderfyniad rhesymegol ac mae'n rhydd i wneud hynny yn gyfatebol i'w ddymuniad i wneud. Nid yw'r ddadl hon yn un gyffredin na phoblogaidd ond gall fod yn ddilys serch hynny.

Mae Levy (2010) yn cynnig esboniad am fethiant yr adict sy'n dilyn y trywydd hwn. Mae'r esboniad yn gysylltiedig â damcaniaeth erydiad yr ego. Mae'r ddamcaniaeth hon yn seiliedig ar ddata o arbrofion, sy'n dangos fod hunanreolaeth yn adnodd cyfyngedig sy'n erydu wrth ei ddefnyddio. Mae gallu unigolyn, felly, i wrthsefyll temtasiwn yn dibynnu ar gyfaint yr adnodd. Y mwyaf o egni hunanreolaeth sy'n cael ei ddefnyddio, y llai tebygol yw'r unigolyn yn y pen draw i lwyddo gwrthsefyll temtasiwn. Yn ddiddorol, fodd bynnag, nid y diffyg hunanreolaeth ynddo'i hun sy'n arwain at ymddwyn yn groes i'n hargyhoeddiadau ond yr effaith mae'r erydiad yn ei gael ar y dewis mae adict yn ei wneud. Mae Levy (2010) yn dadlau fod erydiad adnoddau hunanreolaeth yn tanseilio gallu'r adict i ymwrthod, drwy newid ei ymateb i resymau gan achosi newid barn (judgment shift). Mae data o arbrofion yn dangos bod cyfranwyr sydd â'u hadnoddau hunanreolaeth wedi eu herydu ac yn wynebu temtasiwn:

> spontaneously generate or retrieve from memory arguments in favor of weak-willed action. Since they lack the cognitive resources to reject these arguments they experience judgment shift. They come to judge that the benefits of succumbing to temptation are higher than they previously had thought, or the costs of giving in are lower, or both, and they act accordingly. (Levy 2010: 101)

Wrth gwrs, mae'r casgliad hwn yn ddibynnol ar y gred fod cynhyrchu dadl o blaid temtasiwn yn fwy heriol na chynhyrchu dadl yn ei erbyn. Mae Levy (2010) yn credu bod gwirionedd y gred yn amlwg wrth edrych ar natur temtasiynau. Maent yn barod yn cynnwys dadl ffafriol, neu yn fwy cywir, yn ymddangos yn ffurfiedig gyflawn fel dadl ffafriol. Mae'n rhan o ystyr y gair. Rhaid gweithio i ddod o hyd i resymau yn erbyn y temtasiwn, ond mae'r rhesymau sy'n ffafrio cyfranogi yn ymddangos yn blaen. Problem yr adict, felly, yw ei fod yn defnyddio adnoddau hunanreolaeth i geisio gwrthsefyll temtasiwn y cyffur. Mae yna nifer o ffactorau megis effaith y cyffur, profiad blaenorol yr adict, agweddau eraill o'i gymeriad o ganlyniad i ddibyniaeth, yn cynllwynio yn erbyn llwyddiant yr adict i wrthsefyll temtasiwn y cyffur. Yn ôl Levy (2010) mae'r dystiolaeth niwrowyddonol a grybwyllwyd uchod yn disgrifio nifer o ffactorau sy'n tanseilio cryfder adnoddau hunanreolaeth yr adict (ond nid yn profi ymddygiad gyriadol). Fel mae'r adnoddau yn cael eu herydu, mae'r adict, bron yn anorfod yn newid ei feddwl ynglŷn â chymryd y cyffur ar yr eiliad dyngedfennol honno. Newid meddwl ar lefel leol (local) nid cyffredinol (global) ydyw. Cyn cymryd y cyffur, ac ar ôl ei gymryd, gall yr adict fod yn wirioneddol gredu ei fod yn syniad drwg, ond yng nghysgod temtasiwn gyda'i adnoddau hunanreolaeth yn wan, mae ei benderfyniad i gymryd y cyffur yn un gwirioneddol, ac mae ei ymddygiad yn wirfoddol. Er hynny, mae Levy (2010) yn dadlau fod yr adict yn analluog, nid dros ei ymddygiad, ond dros ei fywyd meddyliol.

Gellir holi'r cwestiwn gwreiddiol unwaith eto felly; a yw'r adict yn gyfrifol am y methiant hwn i reoli ei fywyd meddyliol? Y rheswm pam mae methiant i reoli ymddygiad yn gallu ei esgusodi yw bod dim malais ym mwriad y gweithredwr. Yn ôl damcaniaeth Levy, fodd bynnag, mae penderfyniad yr adict i ddefnyddio cyffur 'ar y foment' yn adlewyrchu i ryw raddau ei gymhellion a'i gymeriad. Ar yr olwg gyntaf, felly, mae ymddygiad yr adict yn baradeim o ymddygiad gwirfoddol ac, os yn briodol, rhaid beio a chosbi'r ymddygiad. Mae Levy, fodd bynnag, yn grediniol na allwn feio'r adict yn uniongyrchol am y methiant ar y pryd. Unwaith i adictiaid gyrraedd cyflwr lle mae'r cyffur yn cael gafael arnynt, nid yw'n hawdd iddynt reoli eu penderfyniadau. Mae'r adict, yn ôl Levy, yn profi archwaeth am gyffuriau sy'n ei wahaniaethu oddi wrth rai nad ydynt yn ddibynnol. Ond mae'r ffaith hon yn wir oherwydd ffeithiau am gefndir a hanes yr adict, nid oherwydd unrhyw weithred ar y pryd. Mae ymddygiad yr adict yn y gorffennol wedi creu anawsterau hunanreolaeth yn wyneb y cyffur, ond ar y foment o fethu rheoli ei fywyd meddyliol, nid yw'n rhesymol disgwyl iddo atal y methiant (Levy 2010: 106). Er bod yr adict ar y foment o gymryd y cyffur yn ddi-fai, mae Levy yn agored i'r posibilrwydd o feio'r adict am ymddygiad y tu hwnt i'r foment. Efallai y gellir ei feio am fethu cymryd camau rhesymol i beidio â dod yn adict yn y lle cyntaf, ac efallai i osgoi sefyllfaoedd lle mae temtasiwn yn beryg o drechu hunanreolaeth. Mae Aristoteles yn grediniol bod lle i feio unigolion am ddatblygu cymeriad diffygiol:

> to the unjust and self-indulgent man it was open at the beginning not to become men of this kind, and so they are unjust and self-indulgent voluntarily; but now they have become so it is not possible for them not to be so. (61)

Mae dilyn y trywydd hwn, sef edrych i'r gorffennol i benderfynu cyfrifoldeb (tracing), yn un cymhleth ac yn codi nifer o gwestiynau dwys am rôl ffawd a ffactorau eraill yn ein dyfarniadau moesegol (gweler Vargas 2005). Mae'r rhan fwyaf o bobl ifanc yn y Gorllewin yn arbrofi ag alcohol ond dim ond rhai sy'n mynd yn gaeth iddo. Yn aml mae yna ffactorau eraill yn cydberthyn â dibyniaeth, megis camdriniaeth a phroblemau seicolegol cysylltiedig eraill (Pickard 2011). Nid hawdd yw dosrannu bai yn erbyn y cefndir hwn.

Casgliadau

Ceisiodd D'Angelo a Tamburrini (2010) ddadlau bod defnyddio cyffuriau gwella perfformiad yn symptom o ddibyniaeth neu o botensial i ddod yn ddibynnol. Gan fod dibyniaeth yn ymddygiad gyriadol na all unigolyn ei reoli, mae yn annheg ei feio a'i gosbi. Er bod tystiolaeth yn dangos fod gwahaniaethau amlwg rhwng ymennydd adict a phobl eraill, nid yw'r gwahaniaethau hyn yn profi fod ymddygiad adict yn yriadol. Yn wir mae ymddygiad adict, yn aml, yn tanseilio'r casgliad hwn. Nid yw'r ddadl bod angen esgusodi adictiaid o gael eu cosbi ar sail bod eu hymddygiad yn yriadol yn ddilys felly. Mae Levy (2010) yn cytuno i raddau fod dewis adict i ddefnyddio'r cyffur yn un na allwn ei feio ar y pryd, ond mae goblygiadau cymhleth iawn i'w ddadl o ran y ffordd y dylid trin adictiaid. Mae'r ffenomenon o ddibyniaeth, fel y gwelwyd, yn un cymhleth o safbwynt gwyddonol, meddygol, seicolegol ac athronyddol. Mae defnyddio'r cysyniad yn llwybr byr mewn dadl ehangach i geisio newid y rheolau llym sy'n gysylltiedig â'r agenda gwrth gyffuriau yn gorsymleiddio cymhlethdod y cyflwr a'r cysyniad o ddibyniaeth.

Nodiadau

1 Wrth gwrs gyda rhai unigolion nid diffyg cryfder ewyllys yw'r broblem ond eu cymeriad anllad. Maent yn bodloni pob awch yn ddigydwybod. Efallai bod rhai adictiaid fel hyn, ac os felly, nid problem ewyllys sydd ganddynt, ond problem gyda'u hegwyddorion neu eu gwerthoedd ac maent yn haeddu

Llyfryddiaeth

Adams, T. (1998) *Addicted*. Llundain: Collins Willow.

Aristoteles (1980) *Nichomachean Ethics*. Rhydychen: Oxford University Press, (cyf.) Ross,W. D., (diweddarwyd gan J. O. Urmson a J. L. Ackrill).

D'Angelo, C. a Tamburrini, C. (2010) 'Addict to Win? A different Approach to Doping'. *Journal of Medical Ethics*. 36: tt. 700–7.

Foddy, B. a Savulescu, J. (2006) 'Addiction and Autonomy: Can Addicted People Consent to the Prescription of their Drug of Addiction'. *Bioethics* 20 (1): tt. 1–15.

Foddy, B. (2010) 'Addiction and its Sciences – Philosophy'. *Addiction*. 106: tt. 25–31.

Flanagan, O. (2011) 'What is it like to be an Addict?' yn Poland, J. a Graham, G. (goln) *Addiction and Responsibility*. Cambridge: MA. The MIT Press, tt. 269–92.

Frankfurt, H. G. (1971) 'Freedom of the Will and the Concept of a Person'. *The Journal of Philosophy*. 68. (1): tt. 5–20.

Heyman, G. M. (2013) 'Addiction and Choice: Theory and New Data'. *Frontiers in Psychiatry*. 4 (31): tt. 1–5.

Honderich, T. (2006) *Punishment: The Supposed Justifications*. Llundain: Pluto Press.

Levy, N. (2010) 'Addiction, Responsibility and Ego Depletion' yn Poland, J. a Graham, G. (goln) *Addiction and Responsibility*. Cambridge: MA. The MIT Press, tt. 89–111.

Parsons, T. (1951) *The Social System*. Llundain: Routledge & Keegan Paul.

Pickard, H. (2011) 'What is Personality Disorder?'. *Philosophy, Psychiatry and Psychology* 18 (3): tt. 181–4.

Vargas, M. (2005) 'The Trouble with Tracing'. *Midwest Studies in Philosophy*. 29: tt. 269–91.

derbyn bai a chosb am beidio mabwysiadu gwerthoedd rhagorach.

Diben Cosbi Troseddwyr

E. Gwynn Matthews

Er bod athronwyr ar y cyfan yn cytuno ar y diffiniad o gosb gyfreithlon, nid ydynt oll yn gytûn ar beth yw diben cosb a sut i'w chyfiawnhau. O ran y diffiniad o gosb, byddai'r rhan fwyaf yn derbyn y criteria a restrwyd gan yr athronydd Anthony Flew,[1] a gellir eu crynhoi fel a ganlyn:

i. rhaid i gosb fod yn annymunol i'r sawl a gosbir;
ii. rhaid i gosb fod am drosedd;
iii. dim ond troseddwr euog sydd i dderbyn cosb;
iv. rhaid i gosb gael ei gosod yn fwriadol;
v. rhaid i gosb gael ei dyfarnu gan yr awdurdod cydnabyddedig.

Dylai'r pumed pwynt ddiogelu troseddwr rhag dioddef dial. Er mwyn diogelu 'purdeb' cosb ni ddylai unrhyw un a dybia ei fod wedi dioddef o ganlyniad i'r drosedd honedig fod â rhan yn y broses o ddyfarnu'r cyhuddedig yn euog nac yn y broses o ddyfarnu'r gosb. Mae cadw'r egwyddor hon yn medru bod yn anodd weithiau, yn arbennig os oedd gan y drosedd (teyrnfradwriaeth, dyweder) y potensial i niweidio pawb yn y wladwriaeth.

Yn anffodus mae amwysedd difrifol yn perthyn i'r gair Cymraeg 'dial'. Dyma yw cyfystyron Saesneg 'dial' yn ôl *Geiriadur Prifysgol Cymru*: 'vengance, revenge, retribution, punishment.' Y mae *Geiriadur yr Academi* yn cynnwys y gair Cymraeg 'dial' yn un o gyfystyron y geiriau Saesneg 'revenge' a 'retribution'. Ond nid yr un peth yw 'revenge' a 'retribution' ac mae'n angenrheidiol ein bod yn gwahaniaethu rhwng y ddau gysyniad mewn trafodaethau

Cymraeg. Y mae 'revenge' yn awgrymu boddhad neu bleser yn y talu'n ôl; 'Revenge is sweet' meddai'r hen air. Eithr y mae 'retribution' yn niwtral ynglŷn â theimladau pawb a ddygir i'r sefyllfa. Un o'r geiriau a ddefnyddia *Geiriadur yr Academi* i gyfieithu 'retribution' yw 'ad-daledigaeth', ac mae i'r term hwnnw y niwtraliaeth angenrheidiol. Gallwn felly gyfyngu ystyr 'dial' yn ein trafodaeth i 'revenge', a defnyddio'r gair 'ad-daledigaeth' i olygu 'retribution'. Nid oes unrhyw le yn y cysyniad o gosbi cyfreithlon i ddial, ond mae lle i dalu'n ôl, neu ad-daledigaeth.

Mae'n wir dweud fod y syniad mai ad-daledigaeth yw cosb yn ei hanfod yn un o'r dehongliadau cynharaf o gosb y gwyddom amdano. Dyma oedd safbwynt Cyfraith Moses:

> Ac os marwolaeth fydd; rhodder einioes am einioes, llygad am lygad, dant am ddant, llaw am law, troed am droed, llosg am losg, archoll am archoll a chlais am glais. (Exodus 21:23–5)

Ius talionis yw'r enw technegol a roddir i reol fel hon. Yn ei lyfr *Die Metaphysik der Sitten* (1797) [Metaffiseg Moesau] gwnaeth Immanuel Kant *ius talionis* yn brif gonglfaen ei ddehongiad o gosb. Iddo ef, diben cosb yw ad-daledigaeth pur, nid ffordd o hyrwyddo unrhyw les, boed hynny i'r troseddwr ei hun neu i gymdeithas. Byddai bwriadu gwneud lles i gymdeithas yn groes i un o egwyddorion moesol creiddiol Kant, sef na ddylid fyth ddefnyddio unrhyw fod dynol yn *gyfrwng,* yn unig, i gyflawni unrhyw ddiben. Os digwydd unrhyw les i'r troseddwr neu i gymdeithas o ganlyniad i gosb, sgileffaith yw, ac nid rhan o hanfod cosb.[2]

Y pwynt sylfaenol yn ei ddadansoddiad yw fod yn rhaid i'r annymunoldeb a osodir ar y sawl a gosbir gyfateb yn union o ran ei faint a'i ansawdd i'r annymunoldeb a ddioddefodd y sawl y tramgwyddwyd yn ei erbyn. Wrth gwrs, nid yw'n ymarferol, neu'n weddus ym mhob achos i wneud yn union i'r troseddwr yn hyn a wnaeth ef. Y gamp wedyn yw darganfod cyfartaledd annymunoldeb rhwng y drosedd a'r gosb. Nid yw hynny'n hawdd.

Er enghraifft, byddai dirwy o hyn a hyn am drosedd arbennig yn llai o ran ei annymunoldeb i droseddwr cyfoethog nag a fyddai i droseddwr tlawd. Yn wir, yr unig achos lle mae modd bod yn sicr fod y gosb a'r drosedd yn hollol gyfatal yw llofruddiaeth. Yma, o leiaf, gellir gweithredu 'einioes am einioes' drwy ddienyddio'r llofrudd. Mae Kant yn gwbl bendant na ellir, yn foesol, osod unrhyw fath arall o gosb am y drosedd hon. Oni weithredir y gosb eithaf am lofruddiaeth, fe erys y drosedd heb ei 'dileu' yn llwyr, ac fe saif y sawl a rwystrodd weithredu'r gosb yn gyd-euog o'r drosedd. Mewn brawddeg enwog datganodd:

> Hyd yn oed pe bai cymdeithas sifil yn ymddatod gyda chydsyniad ei holl aelodau (er enghraifft, pe bai pobl a oedd yn byw ar ynys yn penderfynu gwahanu a gwasgaru i wahanol rannau o'r byd), byddai'n rhaid iddynt yn gyntaf ddienyddio'r llofrudd olaf yn y carchar er mwyn i bawb gael ei haeddiant, ac fel na orweddai euogrwydd am y drosedd eithaf ar y bobl drwy eu methiant i weithredu'r gosb...[3]

Yr unig liniaru ar ddienyddiad mae Kant yn ei ganiatáu yw na ellir mynnu fod y llofrudd yn cael ei roi i farwolaeth yn yr un dull a modd ag y defnyddiodd yntau wrth lofruddio, rhag i hynny wneud y ddynoliaeth, ym mherson dioddefwr y gosb, yn wrthych arswyd. Dylid nodi hefyd nad llofruddiaeth oedd yr unig drosedd a haedda'r gosb eithaf ym marn Kant. Credai fod rhai troseddau yn erbyn y wladwriaeth mor ddifrifol fel mai dienyddiad oedd yr unig ffordd i'w 'dileu'.

Mewn rhai achosion, yn wir, gallai atal y gosb eithaf ddianrhydeddu'r troseddwr mewn ffordd a fyddai'n sarhad arno. Enghraifft a ddefnyddir gan Kant i ddangos hyn yw dienyddiad y pendefig Albanaidd, Arthur Balmerino, ac eraill, am eu rhan yn y Gwrthryfel Iagoaidd a ddaeth i ben gyda Brwydr Culloden (16 Ebrill 1746). Er teyrngarwch i linach frenhinol Stuart y byddai Balmerino wedi ymuno yn y Gwrthryfel, ond gallai eraill fod wedi ymuno er mwyn hyrwyddo eu buddiannau personol. Hynny yw, mae gwahanol fathau o 'falais mewnol' yn ysgogi'r weithred. Yn awr, pe bai barnwr wedi rhoi'r dewis i'r gwrthryfelwyr rhwng dienyddiad a charchar, tybia Kant y byddai'r gwrthryfelwr egwyddorol yn dewis dienyddiad a'r gwrthryfelwr diegwyddor yn dewis carchar. Byddai hunan-barch y cyntaf yn peri iddo ddewis angau gan fod ei anrhydedd yn bwysicach iddo na bywyd, ond byddai'r ail yn dewis carchar, gan y byddai'n well ganddo fyw mewn cywilydd na marw. Mae llai o fai ar y cyntaf na'r ail ym marn Kant. Serch hynny, pe dienyddid y ddau, byddai dienyddiad y cyntaf yn llai o gosb arno na charchar, ond i'r ail byddai dienyddiad yn drymach cosb na charchar. Ar y llaw arall pe carcherid y ddau, byddai'r cyntaf yn gweld carchar yn gosb drymach na dienyddiad, ond nid felly'r ail.

Caiff dadleuon a gyflwynwyd yn erbyn y gosb eithaf gan Cesare Beccaria, cyfreithegwr Eidalaidd, yn ei lyfr *Dei Delitti e Delle Pene* (1764), eu gwrthod yn llwyr gan Kant. Ar wahân i ystyriaethau dyngarol, dadleuai Beccaria fod dienyddiad yn ddieithriad yn groes i iawnder. Sail y safbwynt hwn oedd y ddadl na allai unigolion, wrth iddynt gytuno i'r Cyfamod Cymdeithasol gwreiddiol a sefydlodd eu cymdeithas ddinesig, gynnwys parodrwydd i dderbyn gweithredu'r gosb eithaf arnynt pe digwyddai iddynt lofruddio un o'u cyd-ddinasyddion, gan ei bod yn amhosibl i unrhyw unigolyn gytuno i ddiddymu ei fywyd ei hun. Camgymeriad y ddadl hon, yn ôl Kant, yw methiant i wahaniaethu rhwng dwy wedd ar y dinesydd, sef y wedd resymegol bur (*homo noumenon*) a'r wedd gorfforol ddiriaethol (*homo phaenomenon*). Yr *homo noumenon* sy'n gweithredu fel cyfamodwr a deddfwr, ond yr *homo phaenomenon* sy'n troseddu.

Yn unol â damcaniaeth y Cyfamod Cymdeithasol gwelai Kant fod troseddwr yn erbyn y gyfraith bob amser yn troseddu yn ei erbyn ei hun. Wedi'r cyfan, fel aelod o'r gymdeithas ddinesig mae'r troseddwr hefyd yn ddeddfwr, ac yn sylfaenol, troseddu yn erbyn y gymdeithas gyfan y bydd troseddwr wrth dorri'r gyfraith (er mai dim ond rhai aelodau o'r gymdeithas, o bosib, sy'n dioddef canlyniad diriaethol y drosedd).

Gan mai diben cosb fel ad-daledigaeth yw ailsefydlu cydbwysedd yng nghlorian cyfiawnder, ni all Kant edrych yn ffafriol ar unrhyw apêl am drugaredd. Serch hynny, nid yw pob achos o ladd cyd-ddyn (er bod hynny'n drosedd) i'w ystyried yn llofruddiaeth, sef trosedd sy'n haeddu'r gosb eithaf. Dwy enghraifft a gynigir ganddo yw achos lle mae mam yn lladd ei phlentyn siawns ac achos o ladd cymrawd gan filwr mewn gornest (*duel*) a achoswyd yn ymateb i sarhad. Ei ymresymiad yn yr achos cyntaf yw fod plentyn a aned y tu allan i briodas yn amddifad o warchodaeth y wladwriaeth. Dim ond plant 'cyfreithlon' a aned oddi mewn i briodas, sef sefydliad a grëwyd gan gymdeithas ddinesig, sydd i'w cyfrif yn gyd-ddinasyddion y byddai eu lladd i'w gyfri'n llofruddiaeth. Yn yr ail achos, dadleua fod y gornestwyr yn ymladd trwy gytundeb (pa mor anfoddog bynnag) a bod yn rhaid i filwr amddiffyn ei anrhydedd gan fod hwnnw'n bwysicach iddo na bywyd corfforol, ac yn wir, anrhydedd yw sail ei alwedigaeth.

Pennaeth gwladwriaeth yn unig a all atal neu ddileu cosbau yn ôl Kant, ond mae'r achosion lle byddai hynny'n unol â iawnder yn hynod o brin. Dim ond cosbau am droseddau yn ei erbyn ef neu hi ei hun (*crimen laesae maiestatis*) a allai'r Pennaeth eu hatal. Pe ataliai gosbau am droseddau yn erbyn ei ddeiliaid byddai'n gwneud cam â'r deiliaid hynny. Ond pe ceid cyfartaledd uchel o'i ddeiliad yn euog o fod yn gynllwynwyr llofruddiaeth, fe allai Pennaeth ddewis peidio â dienyddio'r cyfan ohonynt, rhag ofn i hynny beri i'r gymdeithas ddinesig ymddatod, neu rhag ofn i'r olygfa o ddienyddio torfol beri i'r bobl fynd yn ddideimlad.

Yn amlwg, mae Kant yn dechrau colli gafael ar ei ddadl fan hyn. Mae wedi pwysleisio fod cosb yn fater o orchymyn categorig,[4] hynny yw, nid yw ystyriaethau megis effeithiau neu ganlyniadau gweithredu cosb yn berthnasol wrth osod cosb. Ond nid yw gorchymyn categorig y gellid cael eithriadau iddo (megis uchod) yn wirioneddol gategorig.

Yn ymarferol, nid oes modd mesur y 'ddyled' sydd ar droseddwr i gymdeithas am ei drosedd. Ofer ceisio am gydbwysedd mathemategol yng nghlorian cyfiawnder. Cyfeiriodd Kant, wrth drafod y Gwrthryfel Iagoaidd, at wahanol fathau o 'falais mewnol' a allai ysgogi gwrthryfelwyr unigol. Fe allai hefyd fod wedi cyfeirio at wahanol raddau o falais. Ond rhaid cydnabod nad oes modd mesur cymhelliad troseddwyr yn wrthrychol. Rhaid gofyn hefyd pa mor gyfrifol oedd y troseddwr am ei drosedd.

Athronydd arall a gredai mai ad-daledigaeth yw cosb yn ei hanfod oedd Hegel. Yn *Grundlinien der Philosophie des Rechts* (1821) [Athroniaeth Iawnder] mae'n dehongli ad-daledigaeth yng nghyd-destun y cysyniad o iawnder. Yn gyntaf, meddai, ni ddylid dehongli cosb fel talu drwg am ddrwg. Yr anhawster gyda'r dehongliad hwnnw yw ei fod yn cyfiawnhau gwneud y 'drwg' ad-daledigaethol:

> Os yw trosedd a'i dirymiad (drwy weithredu cosb) i'w trin fel petaent ill dau yn ddrygau diledryw, gellid yn hawdd feddwl mai peth afresymol yw ewyllysio un drwg am fod drwg arall yn bodoli eisoes.[5]

Yn ôl Hegel ni ddylid ystyried trosedd yn beth 'cadarnhaol' sydd i'w 'negyddu' drwy weithredu cosb. Yn hytrach, y drosedd yw'r peth 'negyddol', a hwnnw sydd i'w 'negyddu' drwy gosb. Hynny yw, drwy negyddu negydd, adferir y cadarnhaol, sef iawnder.

Yn ail, mae ad-daledigaeth yn parchu'r troseddwr fel bod rhesymol sydd ag ewyllys rhydd, ac nid fel anifail peryglus sydd i'w ddofi (a hynny yn y bôn yw agwedd y sawl sy'n credu fod cosb i fod yn 'llesol').[6] Mewn sylw ar ddamcaniaeth y cyfreithegwr J. A. R. von Feuerbach (sef tad yr athronydd Ludwig Feuerbach) dywed Hegel fod dehongli cosb fel rhyw fath o rybudd a ddefnyddir i ddylanwadu ar ymddygiad pobl yn amharchu'r ddynoliaeth:

> Y mae cyfiawnhau cosb drwy ei dehongli fel bygythiad yn ei chyffelybu i ddangos ffon i gi; dyma drin dyn fel ci yn lle parchu ei hunan-barch a'i ryddid.[7]

Mae bod yn feddiannol ar reswm yn golygu bod yn ymwybodol o wirioneddau cyffredinol, felly pan fydd troseddwr, er enghraifft, yn amddifadu ei gyd-ddyn o eiddo mae ei reswm yn dangos iddo ei fod hefyd yn gorfod derbyn dilysrwydd cyffredinol ei weithred, a bod yn agored i dderbyn ei gweithrediad yn ôl arno ef. Dyna yw ad-daledigaeth, a dyna yw parchu fy 'hawl' fel bod dynol rhesymol.

Cafwyd adlais o'r dadansoddiad Hegelaidd gan yr athronydd Seisnig F. H. Bradley yn ei lyfr *Ethical Studies* (1876). Credai yntau, fel Hegel, fod ad-daliadaeth yn negyddu trosedd, ac mai hyn yn unig oedd gwir ddiben cosb:

> Negyddu camwri, drwy weithredu iawnder, yw cosb; mae'r camwri hwnnw yn bodoli yn hunan, neu ewyllys, y troseddwr… (Ond) trwy ddirwy, neu garchariad, neu hyd yn oed ddienyddiad yr ydym yn diddymu'r camwri ac yn gweithredu iawnder… felly mae cosb yn ddiben ynddo'i hun.[8]

Hynny yw, hyd yn oed pe na ddeilliai unrhyw les i unrhyw un o ganlyniad i gosb, ni fyddai'r cosbi wedi bod yn ofer. Ond ni saif y safbwynt hwnnw heb ei herio.

Mynegwyd safbwynt hollol wrthgyferbyniol i un Kant a Hegel yn Lloegr gan y Llesyddwyr, a chafodd dadleuon eu lladmerydd pwysicaf, John Stuart Mill, eu beirniadu gan Bradley. 'Os oes rhywun yn tybio', meddai Mill, 'fod perthynas naturiol rhwng y ddau gysyniad o euogrwydd a chosb, gyfryw ag i sefydlu fel egwyddor, lle bo euogrwydd, dylid dyfarnu poen yn ad-daliad; rhaid i mi gyfaddef na fedraf ddarganfod dadl i gyfiawnhau cosbi ar y fath egwyddor.'[9] Maentumiai Mill na ellid cyfiawnhau cosbi oni bai y gellid dangos fod y gosb yn llesol i'r troseddwr, neu yn fodd i amddiffyn eraill. Unig ddiben moesol cosbi yw dylanwadu ar yr ewyllys, meddai. Ac efallai, yn wir, y gellid gwneud hynny heb osod unrhyw brofiad annymunol ar y troseddwr. Ymateb Bradley i hyn yw dweud nad dadansoddiad o gosb a gawn gan Mill, ond dadansoddiad o ffisig!

Fel Bradley, credai Bernard Bosanquet fod dehongli cosb fel ffisig neu therapi yn diraddio'r troseddwr. Yn *The Philosophical Theory of the State* (1899) mae'n gwrthod y ddamcaniaeth mai diwygio'r troseddwr yw diben cosb. Dywed am y ddamcaniaeth honno:

> Mae'n awgrymu fod ei drosedd yn ddim mwy na drygioni naturiol, fel afiechyd, a bod modd ei wella drwy driniaeth therapiwtig wedi ei anelu at ddiddymu ei achosion. Ond ei drin yn rhywbeth amgenach na bod dynol yw hynny; ei drin fel 'dioddefwr' nid fel gweithredwr; ei osod y tu allan i'r gydnabyddiaeth sy'n ein gwneud yn ddynion... Ni cheir gwir gosb ond lle bo un yn troseddu yn erbyn cyfundrefn o iawnderau y mae'n gyfrannol ohonynt, ac felly yn ei erbyn ei hun. Ac y mae gan y fath droseddwr yr hawl i dderbyn cydnabyddiaeth o'i ewyllys gwrthwynebus; byddai'n annynol i'w drin fel anifail gwyllt neu fel plentyn, i'w ffurfio yn unol â'n dibenion ni.[10]

Ni choleddwyd y dehongliad hwn gan athronwyr yn gyffredinol, wrth gwrs.

Yn groes i Hegel a Bosanquet, gwrthodai Syr David Ross yn ei glasur ar foeseg, *The Right and The Good* (1930), dderbyn na ddylai cosb weithredu fel bygythiad, a thybiai hefyd fod trin cosb fel 'hawl' y troseddwr braidd yn smala:

> ... nid addewid yw'r gyfraith: bygythiad yw i'r euog, ac nid yw bygythiad yn addewid... Weithiau cyfiawnheir cosbi ar y sail y byddai peidio â chosbi yn torri amod â'r troseddwr. Dywedir fod ganddo hawl i gael ei gosbi, a byddai peidio â'i gosbi yn dangos diffyg parch dyladwy iddo fel gweithredydd moesol, cyfrifol am

> ei weithredoedd, eithr fel pe na allai wneud dim ond eu cyflawni. Nid yw hyn yn safbwynt sy'n debygol o gael ei goleddu gan droseddwr a lwyddodd i osgoi cael ei gosbi, ac ymddengys yn ffordd artiffisial braidd o edrych ar y mater, gan anwybyddu'r gwahaniaeth rhwng bygythiad ac addewid.
>
> Ond er nad yw'r gyfraith yn addewid i'r troseddwr, y mae'n addewid i'r sawl a glwyfwyd a'i gyfeillion, ac i gymdeithas. I'r cyntaf [h.y., y sawl a glwyfwyd], mewn rhai achosion, mae'n addo iawndal, a phob amser y boddhad o wybod na chafodd y troseddwr ddianc yn ddianaf, ac i'r lleill yr un boddhad a'r graddau o amddiffyniad yn erbyn troseddau pellach a ddaw yn sgil cosbi.[11]

I Bosanquet mae arwyddocâd y dehongliad a rydd y troseddwr ar ei gosb yn eithriadol o bwysig. Bydd cosb yn gweithredu'n ad-daliad pan fo amodau cosbi go iawn yn bodoli ['when the conditions of true punishment exist'], sef pan fydd y troseddwr yn sylweddoli ['recognition'] mai'r hyn sy'n digwydd iddo wrth gael ei gosbi yw fod ei drosedd (sef ei benderfyniad i dorri elfen yn y gyfundrefn o hawliau y mae ef, o'i ddewis, yn gyfrannog ohonynt) yn ymweled ag ef mewn ffurf annymunol.[12]

Er ei fod yn arddel y dehongliad o gosb fel ad-daliad, gwrthodai'n bendant y syniad fod cosb i fod rywsut yn gymesur â'r drosedd. 'Ofergoel' medd ef yw'r syniad y gallai'r wladwriaeth fesur y boen neu'r gofid a achoswyd gan drosedd a gosod poen a gofid cyfartal â hynny ar y troseddwr wrth ei gosbi. Yn hyn, mae'n ategu barn ei gyfoeswr dylanwadol, Thomas Hill Green. Fel Bradley a Bosanquet, safai T. H. Green yn fras yn nhraddodiad Idealaeth Kant a Hegel; yr oedd hefyd yn rhyddfrydwr mewn gwleidyddiaeth a nodweddir ei foeseg a'i athroniaeth wleidyddol gan ddyngarwch dwys.

Yn *Lectures on the Principles of Political Obligation* (1895) mae Green yn nodi fod llawer yn gofyn beth yw 'gwir natur' cosb, a yw yn ad-daliadol, yn ataliol neu yn ddiwygiol ('retributive or preventive or reformatory'[13]). Cyfuniad o'r tri gyda'i gilydd yw ei ateb. Yn hyn, wrth gwrs, mae ei ddehongliad yn wahanol i'r eiddo

Kant a Hegel. I Kant yn arbennig, dim ond sgileffeithiau cosb oedd yr agweddau ataliol a diwygiol, ac ni pherthynent i hanfod neu 'wir natur' cosb. Yn wir, nid oes gan Green lawer i'w ddweud am agwedd ad-daliadol cosb. Mae'n gwrthod yn llwyr y syniad y gellid sefydlu rhyw fath o gydbwysedd dioddefaint rhwng trosedd arbennig a chosb arbennig. Beth bynnag yw'r ystyriaethau sy'n berthnasol wrth ddyfarnu cosb am ryw drosedd, nid yw'r math hwn o gydbwysedd yn un ohonynt. Iddo ef, y cyfiawnhad sylfaenol dros gosbi troseddwyr yw digofaint ('indignation') cymdeithas. Rhaid gwahaniaethu'n glir iawn rhwng y digofaint hwnnw, sy'n cael mynegiant yn y ddeddf, a dialedd ('revenge'), nad oes iddo le o gwbl mewn cyfundrefn sy'n seiliedig ar gyfraith. Fel Bosanquet, mae Green yn pwysleisio pwysigrwydd cael y troseddwr i ddeall mai ei drosedd ef ei hun sy'n dychwelyd ato, a'i fod yn derbyn mai dyma a ddylai ei ddisgwyl wrth fyw mewn cymdeithas a ddewisodd amddiffyn rhyddid ei holl aelodau drwy gyfundrefn o hawliau. Yn yr ystyr hwn yn unig, meddai, y gellir deall cosb yn ad-daliad.

Felly hefyd gydag agweddau ataliol a diwygiol cosb. Dim ond o fewn cyfundrefn o hawliau mewn cymdeithas y gellir dehongli cosb yn ei 'wir natur' yn weithred ataliol. Gellid dweud, meddai, fod curo ci afreolus yn weithred ataliol, ond ni all cosb am drosedd fod yn ataliol yn yr un ystyr. Yn achos cosb gwladwriaeth ar droseddwr, yn wahanol i achos y ci afreolus, nid dylanwadu ar wrthrych y gosb yw'r bwriad, ond yn hytrach dylanwadu ar ddinasyddion eraill. Felly, nid achosi poen i'r troseddwr er ei fwyn ei hun, nac yn bennaf er mwyn ei atal fel unigolyn rhag cyflawni'r un drosedd eto yw'r bwriad, eithr yn hytrach i gyplysu ofn gyda'r syniad o gyflawni'r un drosedd ym meddyliau rhai eraill a allai gael eu temtio i'w chyflawni.[14] Os bydd y gosb yn llwyddo i ddiwygio'r troseddwr, sgileffaith fydd hynny, ond un i'w groesawu serch hynny.

Roedd dienyddiad yn gosb y credai Green y gellid ei chyfiawnhau, ond mae'n gwneud hynny ar sail llesyddol yn hytrach na sail ad-daliadol:

> Ni ellir gan hynny gyfiawnhau cosbi drwy [ddedfrydu i] farwolaeth neu garcharu parhaol ond ar un o ddwy sail; yntau fod cysylltu rhai gweithredoedd gyda'r braw eithaf yn angenrheidiol dan amodau arbennig i ddiogelu'r posibilrwydd o fywyd cymdeithasol yn seiliedig ar iawnderau, neu fod y drosedd a gosbir yn caniatáu rhagdybiaeth o anallu parhaol y troseddwr am [fywyd dan gyfundrefn o] iawnderau. Gellid pledio'r cyfiawnhad cyntaf dros ddienyddio dynion a fu ynglŷn â gwrthryfela bradwrus, neu a fu'n euog o dorri rheolau disgyblaeth arbennig mewn rhyfel (a bwrw fod y rhyfel hwnnw yn angenrheidiol er diogelwch y wladwriaeth a bod y fath gosbau yn angenrheidiol dan amodau rhyfel). Bydd barnu fod y gosb eithaf yn wirioneddol gyfiawn yn y fath achosion yn dibynnu, nid yn unig ar yr angenrheidrwydd amdani dan amodau rhyfel i ddiogelu gwladwriaeth arbennig, ond hefyd ar y cwestiwn a yw'r wladwriaeth ei hun yn cyflawni ei diben fel cynhaliwr iawnderau cywir. Dros y ddedfryd o farwolaeth am lofruddiaeth gellid cynnig y ddau gyfiawnhad. Ni ellir ei gyfiawnhau ar unrhyw sail arall, ond gellid amau a yw rhagdybied anallu parhaol am [fywyd dan gyfundrefn o] iawnderau yn un y mae gennym, yn wyneb ein hanwybodaeth, fyth yr hawl i'w wneud... Lle na ellir cyfiawnhau dedfrydu i farwolaeth, fodd bynnag, ni ellir ychwaith ddedfrydu i garchariad parhaol: y mae'r naill, lawn cymaint â'r llall, yn amddifadiad o fywyd cymdeithasol rhydd, a'r posibilrwydd o ddatblygiad moesol a gynigir gan y bywyd hwnnw.[15]

Yr unig gyfiawnhad a welai dros ddedfrydu i garchar am oes yn hytrach na dedfrydu i farwolaeth oedd y posibilrwydd, er gwaethaf natur barhaol y carcharu, o ryddhau carcharor a brofai ei fod wedi'i ddiwygio. Ond, meddai, y broblem gyda hynny yw na allai'r carcharor gael cyfle i ddiwygio, ac i brofi ei fod wedi diwygio, heb gael graddau o ryddid.

Symudodd Green rywfaint oddi wrth safbwyntiau Kant, o leiaf i'r graddau ei fod yn derbyn priodoldeb ystyried effaith cosb wrth drafod cyfiawnhau cosbi. Ond nid aeth cyn belled â'r Llesgarwyr a fynnent ystyried effaith llesol cosbi ar y troseddwr a chymdeithas fel yr unig gyfiawnhad dros gosbi. Gwendid y safbwynt hwnnw yn ôl yr athronwyr a goleddai'r dehongliad ad-daledigol o gosb, oedd y gellid, ar yr egwyddor Llesgarol, gyfiawnhau cosbi person dieuog. Er enghraifft, mewn cyfnod o ryfel deddfwyd nad oedd dinasyddion i feithrin cyfeillgarwch gyda charcharorion rhyfel. Gellid dadlau y byddai cosbi dinesydd am dorri'r ddeddf hon, er bod ansicrwydd parthed ei euogrwydd, yn llesol i'r wlad yn gyffredinol gan y byddai'n rhybudd i bawb fod yr awdurdodau o ddifri. Dyma egwyddor: '...mantais i chwi fydd i un dyn farw dros y bobl, yn hytrach na bod y genedl gyfan yn cael ei difetha'. (Ioan 11, 50)

Trais ac nid cosbi fyddai trin y dieuog fel pe bai yn euog. Ni ellir, yn rhesymegol, 'gosbi' diffynnydd a ddedfrydwyd yn ddieuog. Mae euogrwydd y cyhuddedig yn amod angenrheidiol er mwyn gosod cosb arno. Ond nid yw euogrwydd y cyhuddedig, fodd bynnag, yn amod digonol i'w gosbi, ac nid oes amhosibilrwydd rhesymegol mewn atal cosb ar yr euog. Beth bynnag oedd sail gwrthwynebiad Kant i atal cosb, ni allai wneud hynny ar sail rhesymeg.

Mewn papur treiddgar tynnodd Anthony Quinton sylw at elfen ddiddorol yng nghystrawen y ferf 'cosbi'.[16] Ei ddadl ef yw fod y modd y gellir defnyddio'r ferf 'cosbi' yn y person cyntaf, amser presennol, yn wahanol i'r modd y gellir defnyddio ei ffurfiau eraill. Felly, byddai'n ddisynnwyr dweud, 'Yr wyf yn dy gosbi am drosedd nad wyt yn euog o'i chyflawni'. Mae hyn i'w gymharu â'r gosodiad disynnwyr, 'Yr wyf yn addo gwneud yr hyn nad yw o fewn fy ngallu i'w wneud'. Enghraifft ddiddorol arall o'r math hwn o osodiad sy'n amhosibl rhoi ystyr iddo yw, 'Yr wyf yn maddau i ti am y cam na wnaethost â mi'. Mae rhesymeg, serch hynny, yn caniatáu gosodiadau fel, 'Cafodd ei gosbi, er ei fod yn ddieuog'.

Mae'n amlwg fod euogrwydd y cyhuddedig yn amod angenrheidiol cosbi cyfreithlon, ond nid yw mor amlwg fod euogrwydd y cyhuddedig yn amod digonol i hynny. Nid oes problem gysyniadol neu resymegol gydag atal cosb am drosedd y mae'r cyhuddedig yn euog ohoni i'r un graddau ag y mae gyda chosbi'r cyhuddedig pan fo'n ddieuog.

Dyma sut y disgrifiodd Richard Price y sefyllfa yn ei glasur, *A Review of the Principal Questions in Morals* (1758):

> Ni allwn ond ymserchu yn y sawl sy'n gweithredu'n rhinweddol, a dymuno ei hapusrwydd ef uwchben pawb arall. Dyfarna rheswm yn ddiatreg y *dylai* hi fod yn well arno oherwydd ei rinwedd... Drwy *sythwelediad* byddwn yn cymeradwyo gwneud y sawl sy'n rhinweddol yn hapus, a rhwystro'r drygionus, yn annibynnol ar unrhyw ganlyniadau. Pe bai dim ond dau yn bodoli yn y bydysawd, un yn rhinweddol a'r llall yn ddrygionus... byddai i'r bod daionus fod yn llai hapus neu ddioddef mwy na'i gymar drygionus yn ymddangos i ni yn gamwedd. [17]

Mae'n amlwg fod Price yn credu fod yr 'ymddangos' hwn yn rhesymegol ei natur. Ni chredaf fod iddo'r nerth hwnnw. Yr wyf am awgrymu mai nerth seicolegol sydd iddo, ac mai ateb rhyw ofynion seicolegol dwfn mae damcaniaeth cosb fel ad-daledigaeth.

Nodiadau

1 Flew, A. (1954) 'The Justification of Punishment', *Philosophy,* XXIX, tt. 291-307.

2 Reiss, C. (1970) *Kant's Political Writings.* Caergrawnt: Cambridge University Press, t. 155.

3 Ibid., t. 156.

4 Ibid., t. 155.

5 Hegel, G. W. F. (1821) *Elements of the Philosophy of Right.* Cyfieithiwyd gan Nisbet, H.B., (gol.) Wood, A. W., Caergrawnt: Cambridge University Press 1991, Adran 99 t. 124.

6 Ibid., Adran 100, t.126.

7 Ibid., Adran 99A, t. 125.

8 Bradley, F. H. (1876) *Ethical Studies.* Ail arg. Rhydychen: Oxford University Press 1927, t. 27.

9 Ibid., t. 30.

[10] Bosanquet, B. (1899) *The Philosophical Theory of the State*. Llundain: Macmillan, tt. 222-3.

[11] Ross, W. D. (1930) *The Right and the Good*. Ail arg., Rhydychen: Oxford University Press 1973, tt. 63–4.

[12] Bosanquet, B. op.cit., t. 227.

[13] Green, T. H. (1895) *Lectures on the Principles of Political Obligation*. Ail arg., (goln) Harris, P. a Morrow, J. Caergrawnt: Cambridge University Press 1980, Adran 178 t. 138.

[14] Ibid., Adran 187 t. 144 ac Adran 193 t. 148.

[15] Ibid., Adran 205, tt. 157–8.

[16] Quinton, A. M. (1963) 'On Punishment' yn Laslett, P. (gol.) *Philosophy, Politics and Society*. Rhydychen: Blackwell, tt. 83–91.

[17] Price, R. (1758) *A Review of the Principal Questions in Morals*. Ail. arg. (gol.) Raphael, D. D. Rhydychen: Oxford University Press, 1948, tt.79–80.

Swyddogaeth Athroniaeth

Huw Williams a Walford Gealy

Nodyn gan y Golygydd

Un o nodweddion y gyfres 'Astudiaethau Athronyddol' yw'r llwyfan a gynigir ganddi i athronwyr o wahanol draddodiadau athronyddol i drafod ystod eang o bynciau o'r maes hwn. Fe rydd hyn gyfle i athronwyr o wahanol gefndiroedd syniadol gyd-drafod, ac i ddarllenwyr weld nad un athrawiaeth arbennig yw athroniaeth, eithr yn hytrach, weithgaredd y mae modd ei harfer mewn sawl dull. Er mwyn tanlinellu arwyddocâd y wedd hon ar athroniaeth, gwahoddwyd dau o gyfranwyr y gyfrol hon, sef Huw Williams a Walford Gealy, i ddisgrifio eu gweledigaeth hwy o natur a swyddogaeth athroniaeth. Mae'r ddau ohonynt yn gweithio mewn traddodiadau gwahanol a gynrychiolir gan ddau o athronwyr mawr yr ugeinfed ganrif, sef John Rawls (yn achos Huw Williams) a Ludwig Wittgenstein (yn achos Walford Gealy).

Er mwyn gosod man cychwyn bras i'r drafodaeth, gellir dweud fod Walford Gealy yn credu mai priod ac unig waith athroniaeth yw cyrchu tuag at eglurder, hynny yw, fod athroniaeth yn ei hanfod yn weithgaredd disgrifiadol, tra bod Huw Williams yn gweld y gall fod swyddogaeth ychwanegol, gyfarwyddiadol, i athroniaeth. Meddai Wittgenstein am athroniaeth yn ei *Philosophical Investigations* (1953), 'Gedy bopeth fel y mae' (para.124), ond teitl casgliad o ysgrifau gan nifer o athronwyr o draddodiadau eraill a olygwyd gan yr Athro Hywel D. Lewis oedd, *Clarity is Not Enough* (1963). Man cychwyn yn unig yw hynny, wrth gwrs. [E. Gwynn Matthews]

Huw Williams

Does dim dichon na ellir ymgymryd ag athroniaeth heb fod â golwg bendant ar y disgrifiadol – hynny yw, dadansoddi a deall yr hyn sy'n bod a'i ddodi o dan chwyddwydr rheswm. Ac eto, mentraf mai anodd yw adnabod ffin bendant rhwng yr hyn sy'n disgrifio a'r hyn sy'n cyfarwyddo. Er bod athroniaeth Wittgensteinaidd am roi'r pwyslais ar y disgrifiadol, ymddengys yn anodd gwadu na fydd casgliadau'r fath archwiliad athronyddol yn arwain at ryw fath o gyfarwyddyd. Felly, y mae'r ymdrech yn ysgrif rymus Walford Gealy i wahaniaethu rhwng y bywyd da a'r bywyd duwiol yn ein harwain i'r casgliad nad yw sawl crediniwr cyfoes yn ymarfer ei ffydd mewn modd sy'n ystyrlon, ac ymhlyg yn hynny y mae'r cyfarwyddyd fod angen newid yr ymarfer hwn er mwyn cyrchu gwir synnwyr crefydd. Mae'r gwahaniaeth rhwng athroniaeth foesol o'r eiddo Price, Kant, Mill, ac eraill, sy'n datgan egwyddorion pendant fel glasbrint i fywyd pob dydd yn amlwg. Serch hynny, er nad yw'r arddull Wittgensteinaidd yn cynnig egwyddorion cychwynnol o'r math hwn, mae'n anodd gwadu na fydd y gwaith o archwilio safbwyntiau moesol, y mae'n ei argymell, yn arwain at gyfarwyddyd oddi mewn i'r safbwyntiau penodol hyn.

Yng nghyswllt y drafodaeth hon, diddorol yw edrych eto ar y math o athroniaeth y mae John Rawls, athronydd gwleidyddol enwocaf yr ugeinfed ganrif, yn ei chynnig. Ar yr olwg gyntaf, ac o gofio'r dylanwad Kantaidd cydnabyddedig arno, fe fyddai rhywun, heb os, yn adnabod ei waith fel enghraifft amlwg o athroniaeth 'gyfarwyddiadol' gyda'i ddwy egwyddor o gyfiawnder waelodol. Ac eto, mae ystyriaeth ddyfnach o'i waith yn dadlennu nad peth hawdd yw rhannu athroniaeth rhwng y disgrifiadol a'r cyfarwyddiadol. Eithr bwriad canolog Rawls yw gosod gerbron y ddamcaniaeth fwyaf cywir, yn ôl ei ddehongliad ef – mewn geiriau eraill, cynnig disgrifiad – o'r syniad o gyfiawnder cymdeithasol sy'n bodoli mewn cymdeithas ryddfrydol, ddemocrataidd. Dadleuai fod ei egwyddorion yn deillio o'r diwylliant gwleidyddol cyhoeddus, a'r prawf eithaf ohonynt yw'r modd y maent yn cyd-fynd ac yn cydbwyso gyda'r dyfarniadau ystyriol rydym yn dibynnu arnynt yn ein bywydau beunyddiol. Felly er bod y cynnyrch, sef yr egwyddorion o gyfiawnder, yn rhai amlwg gyfarwyddiadol, ymddengys eu bod yn ganlyniad athronyddu disgrifiadol, yn yr ystyr mai nod Rawls yw mynegi'r syniad gorau o gyfiawnder mae ef yn ei weld sydd ymhlyg yn ein cymdeithas.

Tu hwnt i'r cwestiynau cyffredinol hyn am natur athroniaeth, cyfyd problemau gan athroniaeth Wittgensteinaidd ynglŷn â phriodoldeb y defnydd o gysyniadau tu allan i'w cyd-destun gwreiddiol. Mae yna oblygiadau amlwg o safbwynt sylwadau olaf fy ysgrif ar ddefnydd syniadau Pelagaidd ac Awstinaidd mewn athronyddu cyfoes (gw. 'Y Natur Ddynol a'r syniad o Hunanwellhad'). Pa le sydd i'w syniadau ar y natur ddynol, hunanwellhad a'r *animus dominandi*, sydd wedi'u gwreiddio mewn diwinyddiaeth o'r bumed ganrif, wrth geisio dadansoddi tueddiadau cymdeithasol-wleidyddol yn yr oes fodern, lle nad yw'r hollalluog Dduw bellach yn ystyriaeth ganolog?

Efallai mai'r pwynt amlycaf yn y cyswllt hwn yw, pa mor ystyrlon yw defnyddio cysyniadau Awstin am y natur ddynol lle nad oes Duw i gynnig gras? Ymddengys athroniaeth wleidyddol Awstin yn ddigon annymunol pan mae'n sôn am y gwrthdaro parhaol a'r brwydro anochel sy'n britho dinas dyn. Fodd bynnag, trwy atgyfodi'r agweddau hyn, gan anwybyddu'r hyn a ddywedai am gariad dyn, ei ddyhead i gyd-fyw, ac yn bennaf oll, y posibilrwydd o iachawdwriaeth trwy ddinas Duw, mae gennym, ar amrantiad, ddarlun o wleidyddiaeth sy'n gwbl drychinebus, dienaid a diobaith, sydd a wnelo dim ond ychydig, mewn gwirionedd, â gweledigaeth Awstin. Mae realwyr clasurol, megis Hans Morgenthau, yn hoff o atgyfnerthu eu syniadaeth wleidyddol trwy droi at Awstin fel 'tyst' dilychwin y cysyniad o'r natur ddynol sy'n ganolog i'w ddaliadau, ond trwy hepgor y duwiol cawn ddarlleniad dethol iawn o'i dystiolaeth.

Ond a yw'r tueddiad gan rai i gamddefnyddio syniadau hanes athroniaeth yn tanseilio unrhyw ymgais i gymharu, dros amser, ac i drawsgyweirio cysyniadau o un cyd-destun i'r llall? Pe cyrhaeddwn y casgliad hwn, buasai goblygiadau distrywiol i astudiaeth athroniaeth wleidyddol yn arbennig, gan fod athronyddu o'r math hwn yn aml yn bwydo ar waith athronydd blaenorol, neu un neu fwy o'i gysyniadau, fel man cychwyn (ac mae hyn yn wir hyd yn oed o feddylwyr ôl-strwythurol neu ôl-fodern sy'n hawlio statws neilltuol i'w gwaith). Yn wir, wrth i ddisgyblaeth athroniaeth wleidyddol ennill ei phlwyf yn y Brifysgol yn faes astudiaeth yn y bedwaredd ganrif ar bymtheg, y bwriad creiddiol oedd cloddio syniadau'r gorffennol er mwyn cynnig arweiniad i astudiaeth y gwleidyddol yn yr oes gyfredol. Pe cymrwn, er enghraifft, un o'r cysyniadau mwyaf poblogaidd diweddar yn y maes, sef y cyrchddull medrau (capabilities approach), yna nid oes rhaid darllen ymhell i ddarganfod bod un o'i brif ladmeryddion, Martha Nussbaum, yn angori'r cysyniad yn athroniaeth Aristoteles.

Yn sicr, mae'r gydnabyddiaeth a'r pwyslais ar y gwahaniaethau rhwng gwahanol gyd-destunau a welwn yn athroniaeth Wittgenstein yn awgrymu dull o feddwl sy'n milwrio yn erbyn y math o safbwyntiau hollgynhwysol, cyffredinol sy'n dueddol o godi mewn athroniaeth wleidyddol. Ar y llaw arall, tybiaf nad byrdwn athroniaeth ddisgrifiadol, o anghenraid, yw llethu unrhyw ymgais i adeiladu ar gyfraniadau'r gorffennol, ond yn hytrach ddadlennu yr achosion hynny lle mae'r ymgais yn digwydd ar draul ystyrlonrwydd, neu drwy wyrdroi a llurgunio'r gwreiddiol.

Awgrymwyd eisoes mai dyma sy'n digwydd yn achos tueddiad y realwyr clasurol i ddibynnu ar gysyniad Awstinaidd o'r natur ddynol, sy'n hepgor yr elfen dduwiol (ac er efallai nad yw'r darlun o wleidyddiaeth ryngwladol sy'n deillio ohoni yn amherthnasol i ddelwedd Awstin o realiti bydol, mae yna agendor sylweddol rhwng un safbwynt sy'n addo iachawdwriaeth, a'r llall nad yw'n cynnig unrhyw gysur nac adferiad). Yr hyn sy'n eiddo i'r realwyr, mewn gwirionedd, yw cysyniad naturiolaidd o ddynoliaeth, un sy'n gwadu'r gallu i orchfygu a llawn feistroli'r dyheadau anifeilaidd i ddominyddu. Dehongliad o wleidyddiaeth sy'n dibynnu ar Ddarwiniaeth gymdeithasol yw cyrchfan rhesymegol yr agwedd hon, ac felly does dim syndod ei bod yn chwilio am dystion fel Awstin, er mwyn cynnig arlliw mwy derbyniol i'w syniadau. Ond beth, felly, am yr awgrym fod delfrydwyr cyfoes, neu chwedl Oakeshott, y mwyafrif o'r gymdeithas gyfoes, yn ymlynu at gysyniad Pelagaidd o natur ddynol ddilychwin, sy'n datblygu cymeriad yn ôl yr arferion y maent yn eu dilyn ac sydd a'r ewyllys i ddewis rhwng y da a'r drwg?

Mentraf (fel y mae'n rhaid oblegid byrdwn fy ysgrif!) fod y cysyniad Pelagaidd yn un weddol addas fel motiff sy'n cynrychioli ymagwedd gyffredinol tuag at y natur ddynol a'i chyfyngderau; gan mai conglfeini'r cysyniad gwreiddiol oedd hunanbenderfyniaeth yr unigolyn, a'r gallu cynhenid i ymwrthod â'r drwg. Yn achos y defnydd o'r cysyniad Awstinaidd, mae'r gymhariaeth yn wannach oblegid diffyg cydnabyddiaeth o'r ymyrraeth ddwyfol feunyddiol sy'n bywiocáu bywydau rhai. O gofio hynny, deillia priodoldeb y cysyniad Pelagaidd i drafodaethau cyfoes o'r ffaith fod yr elfen ddiwinyddol, ddwyfol, yn haws i'w celu. Ymddengys y credadun Pelagaidd o'r bumed ganrif yn ddigon tebyg i'r unigolyn rhesymegol yr oes fodern yn yr ystyr bod y ddau fel petaent yn ymarfer yr un hunanreolaeth dros eu bywydau, heb ymyrraeth allanol.

Ac eto dyma lle mae ymagwedd athronyddol 'disgrifiadol', cywir, yn mynnu rhoi sylw i'r cyd-destun a'r hyn sydd wrth wraidd y syniadau hyn. Ac o gymryd y cam hwn, dyma egluro cyfyngderau'r trawsgyweiriad, oblegid nid oes modd esbonio'r hunanreolaeth hwn yn achos yr athrawiaeth Belagaidd heb gyfeirio at ei ffynhonnell, sef Duw, tra bod seiliau'r hunanreolaeth yn achos yr unigolyn modern, yn gyffredinol, yn gwadu ôl gwaith dwyfol.

Fodd bynnag, yn hytrach na thanseilio cyfraniad athroniaeth ac iddi ogwydd hanesyddol, rwyf o'r farn fod yr enghraifft hon o amlinellu terfynau'r fath gymhariaeth yn brawf o'i chyfraniad, oblegid y mae'n codi cwestiynau hanfodol ynglŷn â'n triniaeth gyfoes o'r materion hyn. O safbwynt rhesymoldeb, a damcaniaeth hollgynhwysol ar yr ewyllys rhydd, mae'r system Pelagaidd yn un cyflawn, rhesymegol, sydd ag iddi esboniad llawn o'r cyflwr dynol. Sgileffaith deall y system hon yw cydnabod fod damcaniaethau cyfoes ar yr ewyllys rhydd (sy'n gynsail i athroniaeth wleidyddol ryddfrydol, yn arbennig) yn gyffredinol anghyflawn a phroblematig oherwydd iddynt geisio gosod cyfrif ger bron sy'n gwadu'r elfen drosgynnol. Trwy gyrchu cysyniadau o'r gorffennol, ceisio eu haddasu a thrawsgyweirio, taflwn oleuni o'r newydd ar ein trafodaethau, ac yn yr achos hwn, dod i ddeall nad ydi gwaredu Duw o'n hathroniaeth foesol mor syml â hynny, yn arbennig pan nad ydym yn fodlon ei gyfnewid am endid trosgynnol, metaffisegol arall.

Rhydd o'r neilltu y math o drafodaethau gwaelodol yn aml; yn achos Rawls, mae'n rhoi pwys mawr ar y syniad mai gwleidyddol ac nid metaffisegol yw natur ei athroniaeth wleidyddol. Ac eto, er ei fod yn gwrthod unrhyw system gydnabyddedig fetaffisegol yn sail i'w athroniaeth, gellir dadlau mai metaffisegol yw natur rhai o'i ragdybiaethau creiddiol ynglŷn â phobl, megis eu gallu i ddatblygu cysyniad o gyfiawnder a'r da. Felly, hefyd, y gellir dehongli gosodiad Wittgenstein fod 'y moesol yn rhan naturiol o fywyd dynol'. Er bod iaith, arddull a chysyniadau'r athronwyr yma'n spartaidd a chyffredin, o gymharu ag ymdrechion aruchel metaffisegwyr y bedwaredd ganrif ar bymtheg, ymddengys mai'r un yw'r angen am angor mewn datganiad cyffredinol am 'natur ddynol'.

Gobeithiaf nad yw'r ffocws hwn ar y dadansoddol a'r disgrifiadol o reidrwydd yn atal athroniaeth rhag mentro, rhag defnyddio creadigrwydd, rhag ystyried y gorffennol ac adeiladu ar ganfyddiadau'r cewri o'r oesoedd a fu. Onid oes gan athronwyr (neu well, efallai, yr athronyddol) gyfraniad pwysig i'w wneud, a'r un hawl â phawb arall i gymryd rhan yn y gwaith o ddychmygu a llunio'r dyfodol – boed hynny trwy ddadansoddi syniadau eraill, neu gyfrannu rhai eu hunain?

Walford Gealy

Dymunaf gychwyn trwy longyfarch Huw ar ei waith – llafar ac ysgrifenedig. 'Llafar' oherwydd bûm yn gwrando arno fis Hydref 2012 yn traddodi ei ddarlith ar Awstin a Phelagiws. Hyd yma, ni chefais yr anrhydedd o ddarllen y ddarlith honno, ond o'i chlywed, fe'm siomwyd ar yr ochr orau. Rhyfeddais at drylwyredd ei ymgais a'i ymdrech feddyliol i ddod at hanfod y gwrthdaro rhwng y ddau ddiwinydd ar ddechrau'r bumed ganrif – a hynny ar destun sydd wedi bod fel asgwrn ymhlith cŵn drwy'r canrifoedd ar ôl hynny. Yn ail, rwyf am gydnabod, yr hyn a ymddengys i mi yn wirioneddau y mae Huw yn dadlau drostynt yn rhan gyntaf y drafodaeth hon ar 'Swyddogaeth Athroniaeth' sef, natur argymelliadol athroniaeth. Mae'n gasgliad anochel y bydd i unrhyw un deallus sy'n bwrw golwg dros ganrifoedd o hanes athroniaeth ddod i'r casgliad na ellir enwi un o fawrion y ddisgyblaeth hon nad oedd â chymhelliad argymelliadol cryf yn ei waith – ac yr oedd hynny'n neilltuol wir am athronwyr gwleidyddol a moesegol, gan fod perthynas pobl â'i gilydd ar y lefel bersonol a chymdeithasol, yn hanfodol ganolog i'w gweithiau. Felly, o'r safbwynt hanesyddol, y mae Huw yn berffaith gywir. Ond ochr arall y geiniog yw hyn i mi. Rhyfeddaf yn fwyfwy at ddyfnder y chwyldro a ddaeth yn sgil gwaith diweddar Wittgenstein a chymaint oedd maintioli ei athrylith. Ymhellach, gwna Huw'r honiad 'mai anodd yw adnabod ffin bendant rhwng yr hyn sy'n disgrifio a'r hyn sy'n cyfarwyddo'. Cytunaf y gall hyn fod yn wir – er, fel yr ymddengys ei osodiad, y mae natur y 'disgrifiad' y cyfeiria ato'n go amwys.

Er enghraifft, ystyrier sefyllfa fel hon. Y mae dau berson, A a B yn trafod cymeriad sy'n adnabyddus i'r ddau ohonynt. Dywed A amdani: 'Y mae'n gymeriad da dros ben' ac fe a rhagddo ymhellach i sôn am ei rhinweddau gan grybwyll rhai o'r gwerthoedd hynny sy'n addurno ei bywyd, fel ei chymwynasgarwch, ei haelioni, a'i gonestrwydd. Ond nid yw B yn cyd-fynd yn llwyr ag A. Mae'n cydnabod fod y cymeriad dan sylw yn meddu rhai o'r rhinweddau y sonia A amdanynt, ond gwêl B wendidau yn ei pherthynas â rhai pobl. O ganlyniad, i B nid yw'r wraig hon yn haeddu'r disgrifiad y mae A yn ei roi iddi.

Yn gwrando ar y drafodaeth rhwng A a B y mae person arall, sef C. Nid yw ef yn adnabod y cymeriad dan sylw ac felly nid oes ganddo farn o gwbl. Mae'n hollol ddiduedd felly. Ond y mae C yn sylweddoli deubeth am y sgwrs. Yn gyntaf, nad anghytundeb geiriol sydd rhwng A a B. Derbyniant yr un gwerthoedd moesol wrth bwyso a mesur y cymeriad dan sylw. Y mae'r disgrifiad 'da' yn gyfystyr i'r ddau. Yn ail, y mae C yn sylweddoli'n union mai 'da' moesol sydd dan sylw – ac na all ddeall y 'da' hwn wrth drafod, dyweder, 'effeithiolrwydd', er enghraifft, pan ddefnyddir ef wrth sôn am 'gyllell dda' – sef cyllell sy'n torri'n effeithiol. Fy nghwestiwn i Huw, yn syml, yw hyn: 'beth yw'r gwahaniaeth yn natur disgrifiadau, ar y naill law, A a B, a disgrifiad C?' Fy ateb? Disgrifiad moesol a geir gan A a B. Disgrifiad moesegol, rhesymegol sydd gan C. Efallai o ddisgrifiad A ei bod yn dilyn y dylid edmygu gwrthrych y drafodaeth: 'Mae'n ddynes dda iawn. Carwn efelychu ei rhinweddau a gwyn fyd y byddai mwy'n debyg iddi.' Ond nid oes argymhelliad o'r fath yn agos i sylw C. Y mae ef yn glir ei feddwl am natur resymegol y drafodaeth rhwng A a B – a phwysiced â hynny, onid pwysicach, yw'r ffaith ei fod ei hun yn gwbl foesol ddiduedd wrth wrando ar y drafodaeth. Tra felly'n cydnabod i athronwyr traddodiadol, yn gyffredinol, fod mor argymelliadol ag A a B, un o hanfodion chwyldro Wittgenstein oedd ei ymgais i wared yr athronydd rhag ymyrryd yn y drafodaeth rhwng A a B a chyfyngu'i sylw i natur resymegol y drafodaeth dan sylw.

Ymddangosodd dadansoddiad Huw o'r ddadl rhwng Awstin a Phelagiws i mi yn waith eithriadol o gymeradwy. Dim ond tua diwedd ei ddarlith y tyfais yn athronyddol aflonydd. O'i ddadansoddiad o'r ddadl berthnasol, aeth Huw yn ei flaen i sôn am y gwrthgyferbyniad rhyngddynt yng ngoleuni eu canfyddiadau gwahanol o'r 'natur ddynol'. Aeth ymlaen i honni i'r anghytundeb 'hanesyddol' hwn gael ei ailadrodd dro ar ôl tro yng ngweithiau rhai o'r athronwyr gwleidyddol pwysicaf yn y traddodiad Gorllewinol, yn enwedig yng ngweithiau'r athronwyr hynny a elwir yn 'Cytundebwyr Cymdeithasol' megis Hobbes, Locke, Rousseau – a'r diweddaraf un sef, John Rawls.

Pwysleisiodd Huw, yn ddigon cywir, gyd-destun hanesyddol yr anghytundeb rhwng Awstin a Phelagiws a bod yr un anghytundeb wedi ymddangos eto mewn sefyllfaoedd hanesyddol gwahanol. Er enghraifft, gellid yn hawdd dybio fod mesur o gytundeb rhwng Awstin – a danlinellodd bechadurusrwydd dynol – a safbwynt Thomas Hobbes, sef gŵr a brofodd o orffwylledd ymarweddiad dynol yn ystod y Rhyfel Cartref yn Lloegr yn yr ail ganrif ar bymtheg. Yn ôl Hobbes, o roi penrhyddid i ddynion, heb rym y wladwriaeth i'w gwtogi, byddai bywyd, 'yn ffiaidd, bwystfilaidd, a byr.' Ychydig yn ddiweddarach, daeth John Locke i gasgliad cwbl wahanol – fel pe bai'n ategu safbwynt Pelagiws! Wrth gwrs, addefodd Locke, fod angen cyfraith a threfn oherwydd bod ambell afal drwg yn y blwch cymdeithasol. Ond hefyd, yn bwysicach o lawer i Locke, oherwydd na ddylid caniatáu i'r unigolyn fod yn farnwr a rheithgor ar ei droseddau ei hun.

Nid yw Huw, naill ai yn ei ddarlith nac yn ei gyfraniad i'r ysgrif uchod, yn gweld unrhyw broblem gyda chysyniad 'y natur ddynol'. Mewn gwrthgyferbyniad llwyr, ni allaf wneud unrhyw synnwyr o'r cysyniad heb gyfeiriad i gyd-destun penodol. Y mae Huw yn hollol iawn i dynnu ein sylw at wahanol gyd-destunau hanesyddol. Ond, collodd ei ffordd yn llwyr wrth iddo fethu gwahaniaethu rhwng y categori diwinyddol a'r categori gwleidyddol.

Dadl ddiwinyddol oedd rhwng Awstin a Phelagiws – a thra dyrchafwyd Awstin i'r nefolion leoedd gan uniongredwyr

Cristnogol, condemniwyd Pelagiws yn heretic. Ond y cwestiwn athronyddol yw hyn. A oedd y diwinyddion hyn yn trafod 'y natur ddynol' – beth bynnag yw ystyr hynny? Yn fy marn i, ni cheir unrhyw beth tebyg naill ai yn y dadleuon rhyngddynt nac yn unman yn yr Ysgrythurau Cristnogol. I ddeall hyn, rhaid edrych yn fanylach ar y cyd-destun Ysgrythurol. Gwir bwnc y ddadl rhwng y ddau feddyliwr hyn oedd un o gwestiynau sylfaenol y ffydd Gristnogol, sef, sut y mae adferiad ysbrydol yn bosibl i ddynion. Credodd Awstin, yn gwbl ysgrythurol, mai drwy ffydd yng ngras a maddeuant y Croeshoeliedig yn unig yr adferir person i'r ddelw ddwyfol wreiddiol a gollodd pan wrthryfelodd yn erbyn Duw. Yn gywir, ar sail diwinyddiaeth yr Iawn, condemniwyd Pelagiaeth yn wyriad sylfaenol o uniongrededd.

Pwysleisiodd Awstin y gwirionedd diwinyddol perthnasol i'r cyd-destun hwn sef, mai pechaduriaid yw dynion sydd angen gwellhad ac iachawdwriaeth: 'Pawb a bechasant ac ydynt yn ôl am ogoniant Duw.' Sylwer mai'r llinyn mesur yma yw Duw. Syrthiodd pob dyn yn brin o'i safon. Ond sylwer ar y term 'pechasant'. Dyma derm hanfodol sydd â swyddogaeth acsiomatig yn iaith Cristnogaeth, yn tanlinellu'r arwahanrwydd rhwng Duw a dyn. Mae'r gosodiad cyffredinol, 'Pawb a bechasant' yn ystyrlon oherwydd saif mewn gwrthgyferbyniad â'r Duw sy'n sanctaidd. Rhan o wendid safbwynt Pelagiws yw ei fod, nid yn unig yn anuniongred ac anysgrythurol, ond y mae ei gredo hefyd yn seiliedig ar ddryswch syniadol. Cred fod dynion yn naturiol dda – a digon gwir yw ei honiad os mai disgrifiad moesol yw hyn. Nid yw'r Ysgrythur yn unman yn gwneud gosodiad dryslyd fod pawb yn anfoesol: 'Pawb yn anfoesol – mewn gwrthgyferbyniad â beth?' Ar lefel foesol, y safon yw dyn ei hun – a digon cymysg ydym oll yn foesol. Hynny yw, nid yw'r cysyniadau o 'bechadurusrwydd' ac 'anfoesoldeb' yn perthyn i'r un byd rhesymegol.

Gellid gofyn cwestiwn mwy cyffredinol, 'A oes disgrifiad cyffredinol o'r "natur ddynol" yn yr Ysgrythurau – neu unrhyw ran ohono?' Cymerer llyfr y Salmau yn enghraifft; neu'r llythyr at y

Rhufeiniaid, lle dyfynna Paul yn helaeth o lyfr y Salmau i danlinellu pechadurusrwydd dyn a'r elfen ddofn fwystfilaidd – gwaedlyd hyd yn oed – sydd ynddo. Gwna hyn wrth iddo danlinellu'r agendor rhwng Duw a dyn. Ond wrth drafod perthynas dyn â'r cread, mae'r disgrifiad crefyddol yn gwbl wahanol. Yn y gymhariaeth hon, nid yw dyn ddim ond 'ychydig is na Duw… wedi ei goroni â gogoniant ac a harddwch' wedi ei benodi i, 'arglwyddiaethu ar weithredoedd Dy ddwylo' a phob dim wedi ei 'osod o dan ei draed.' Dyma ddyn yn warchodwr y greadigaeth ac yn ddyrchafedig ymhlith pob dim a grëwyd. Felly, y mae agendor enfawr rhyngddo a phob creadur arall! Rhaid rhoi sylw manwl i'r cyd-destun. Parthed y Dwyfol, 'Fi yw y pennaf o bechaduriaid'; parthed y greadigaeth, dim ond 'ychydig is na duw.'

Ni ellir symud o gategori diwinyddol i gategorïau eraill, megis y moesol a'r gwleidyddol yn ystyrlon heb redeg yn union i drafferthion a dryswch cysyniadol. Problem fawr athronwyr traddodiadol yw iddynt ildio i'r temtasiwn i gyfannu'r cyfan o'u syniadau i gydymffurfio ag un llinyn mesur o ystyrlonrwydd. Mewn gwrthgyferbyniad, dangos gwahaniaethau mewn ystyron oedd pwyslais Wittgenstein er mwyn ein gwared o ddryswch syniadol. Nid oes gan resymeg anffurfiol, bur, unrhyw gynnwys argymelliadol uniongyrchol. Wrth gwrs, os daw'r moesolwr neu'r crefyddwr i weld fod dryswch yn ei ymresymiad, mae'n dilyn y bydd am gael gwared ohono. Ond nid oes rheidrwydd ar y rhesymegwr i fod yn rhan o unrhyw weithgaredd er mwyn canfod fod yna ddryswch ynddo. Nid yw rhesymeg yn argymell dim. Mae'n gwbl ddiduedd, fel dyweder mathemateg, nad yw'n fy argymell naill ai i wario nac i beidio â gwario f'arian!

Am restr gyflawn o lyfrau'r Lolfa, mynnwch
gopi am ddim o'n catalog
neu hwyliwch i mewn i'n gwefan

www.ylolfa.com

lle gallwch archebu llyfrau ar-lein.

y Lolfa

TALYBONT CEREDIGION CYMRU SY24 5HE
ebost ylolfa@ylolfa.com
gwefan www.ylolfa.com
ffôn 01970 832 304
ffacs 832 782